부처가 되고자 하거든
부처를 보고 따라 가라

활안스님 법문, 법안 · 법왕궁 편찬

삼각산 문수원

머리말

부처가 되고자 하거든
부처를 보고 따라가라.

세상에는
중도 있고 소도 있어
구분하기 어려우니.

누구나 본래 부처
누구는 모르랴만
용광로에서 나온 부처라야
새 세상에 필요한 진짜 부처다.

경인년 원조
삼각산 문수원 법왕궁 합장

서문

우리는 시간나는대로 공양이 끝난 뒤 차 한 잔씩 하고 부처님과 부처님 제자들에 대한 이야기를 들어왔다.

이것도 1년이 가까워지니 쌓이고 쌓여 원고가 한 뭉치가 되었다. 분망했던 기축년도 다 가고 경인년 새해를 맞이하면서 지난 1년을 정리하는 마음으로 한 권의 책을 낸다.

대부분 원시근본불교경전을 중심으로 하였기 때문에 대장경에 나와 있는 것이지만, 잡다한 이야기를 생략하고 간단한 시체(詩體)로 정리하였다.

불교를 믿는 대부분의 사람들이 대부분 조사 이야기를 근본으로 하는데, 우리는 선문염송과 전등록에 이어 원시근본불교성전을 공부하다보니 새삼스럽게 부처님과 부처님의 가르침이 정리되게 되었다. 특히 부처님 당시 스님들에 관한 이야기는 듣기 어려운 것이다.

전생의 인연과 현생의 인연을 겸하다 보니 너무 각본에 짜여진 감이 없지 않으나 공부하는 사람들께는 다소간에 도움이 되지 아니할까 생각하여 그대로 낸다.

널리 읽고 깊이 생각하여 만중생의 길잡이가 되어주시기 바란다.

불기 2553년 1월
부처님 열반재일날 법안 씀

목 차

 부처가 되고자 하거든 부처를 보고 따라가라

제1편 부처를 보라

부처를 보라

여보게,
부처를 좋아하거든 부처를 따라가소.
부처님이란 소리는 듣기조차 어렵다네.

오랜 세월 보살도를 닦아
일체종지(一切種智)를 이루시고
등정각자(等正覺者)가 되었기 때문이네.

하늘의 빗방울처럼 많은 세월
부처되기를 서원하고
바다의 물방울 같은 부처님 앞에서
온갖 고통을 참고 이기며
갖가지 덕성을 길러
생사의 바다를 건너는 능력을 길렀지만
천상락을 즐겨하지 않고
중생을 구하기 위해 세상을 나타난 자라네.

거룩하신 부처님

당신은 모든 욕망과 즐김, 굶주림과
목마른 사랑에서 벗어났으며
게으름과 나태·겁·의심·위선으로부터 완전히 벗어나
모든 법 가운데서 눈이 되신 스승이십니다.

태양처럼 맑은 지혜로
오랜 세월 무명을 벗기고
어두운 밤을 대낮처럼 밝히시는 성자이십니다.

당신은 두 발 가진 자 가운데서 최고이시며,
네 발 가진 자 가운데서도
홀로 뚜벅뚜벅 걸어가신 성자이십니다.

길들이기 어려운 사람들을 길들이고
넘어진 자들을 일으켜주시고
비뚤어진 자를 바로 잡고
막힌 곳을 뚫어주시는 선생님이십니다.

그래서 당신은
세상의 눈이며 보호자이십니다.

저희들은 당신이 관하시는 마음을 보고
정진에 집중하는 용맹심을 따라
전생 일을 알고, 죽고 사는 문제도 깨닫고
지금 모든 고통의 원인에서 벗어나
마라(麾羅 ; 마군)의 영역에서
완전히 벗어나고자 합니다.

본래 부처님과 새로 탄생한 부처님

광(鑛)속에 금이 들어 있듯이
이 세상 모든 존재는
자기 성품을 가지고 있다.
그것은 세상에
새로운 모습으로 태어나든지 말든지
언제나 그 모습 그대로 금은 금이다.

그러나 그 가운데 새로운 원력과 희망을 가지고
이 세상을 복되게 하기 위하여
새로 태어난 금이 있으니, 겁묵겁전(劫墨劫前)
먼저 성불한 부처를 보고
뒤에 발심한 부처이다.

바다의 물방울과 같은 오랜 세월을 두고
갖추어야 할 모든 것을 다 갖추고
다시는 이 세상에
늙고・병들고・죽는 찌꺼기가 없는
깨달음의 지견을 가지고

모든 존재가 그렇게 되기를 바라는 자이다.

그러므로 이 세상이
아무리 탁해지고 악해진다 할지라도
환희심으로 발심하여
선행으로 도를 닦는 사람은
반드시 진리를 깨닫고 빈 마음을 통찰,
마침내 부처가 되어 법회를 봉행하게 될 것이다.

제련된 금

제련된 금속에는 천만가지의 명칭이 붙어 있다.
금가락지·금팔지·금목걸이… …
그래서 새로 된 부처님에게도
여래·응공·정변지·명행족·선서·세간해 등
여러 가지 명호가 있다.

32상 80종호의 아름다운 상호가 따라 다니고
10력·4무소외·3부동 대자대비란
불공법(不共法)도 들어 있다.

이것은 모두 끝없는 세월을 두고 노력한
대가로 얻어진 지혜의 결과이고
신이나 귀들의 들림 속에서 읽어진 것이 아니다.

그는 모든 것을 아는 곳에서 그치는 것이 아니라
몸소 실천하여 번뇌를 극복하였으며
수행에 장애되는 일은 과감히 배제하고
믿고 따르는 것에 관계없이 확신을 가지고 고통을 멸해갔다.

바른 도리와 선하고 악한 업,
선정과 해탈과 삼매를 분명히 알아
무지한 자들을 능력 따라 가르치고
어떻게 하면 어떤 결과를 얻는다는 것을 알아
한 사람도 낙오자 되지 않게 가르치고 있는 것이다.

부처님의 부처님들

깨달음을 얻은 성자들은
어떤 한 시기에만 국한된 것이 아니고
끝없는 시간과 공간속에 한없이 펼쳐져 있다.

과거에는 과거 천불이 있고,
현재에는 현재 천불이 있으며,
미래에는 미래 성수겁(星數劫) 부처님들이 나올 것이다.

또 동서남북에는
시방제불이 있고
그 사이에는 티끌수와 같은 부처님들이 있다.

모두가 분명히 종족과 씨족 성씨 수명이 있고
부모와 처자 권속이 있으니
그들은 이 세상 밖에서 태어난 것이 아니라
이 세상 사람들이 틀림없음을 증명하고 있다.

또 스승과 제자 깨달은 법도 분명하여

불법은 그냥 땅에서 솟은 것이 아니고
하늘에서 거저 떨어진 것도 아니라는 것을 증명하고 있다.

부처와 부처가 대대로 유통하는 것은 지혜의 등불이니
대원(大願)의 심지에 대비(大悲)의 기름,
대사(大捨)의 불이 합해지면 깨달음의 등불이
하늘 땅을 밝히게 되어 있다.

부처의 후보자 보살

위로 부처를 구하고 아래로 중생을 구제하는 보살들은
세 가지 종류가 있으니 성문과 연각, 부처가 그것이다.

법문을 듣고 인과를 믿고 선행을 몸소 실천하면
성문이 되고,

인연을 깨닫고 홀로 깨달음을 실천하면
연각이 되고,

마음의 도리를 깨닫고 마음 가진 자들을 바른길로 인도하면
부처가 된다.

그러나 무엇을 깨닫든, 깨달음의 종자는 절대 평등하므로
깨달음대로 베풀고 정직하게 살기를 노력하고 있는 것이다.

누구나 마음이 평정하면
옳고 그름을 판단하는 능력이 생기지만
원력이 있는 보살들은 편리한 방법을 찾아

사람들을 슬기롭게 살게 한다.

누구나 이렇게 바라밀을 실천하여 저 언덕에 이르면
허깨비 같은 이 몸으로 허깨비 같은 신통력을 나타내어
수월도량(水月道場)에 공화불사(空華佛事)로
어리석은 중생들을 제도하게 된다.

세 가지 보살

보살에도 세 가지가 있다.
지혜가 수승한 보살,
믿음이 뛰어난 보살,
정진이 용맹한 보살.

그러나 지혜가 수승한 보살은 믿음이 약하고
믿음이 뛰어난 보살은 지혜가 약하고
정진이 용맹한 보살은 믿음과 지혜가 약하기 쉽다.

그러므로 지혜가 수승한 보살은 4아승지 10만겁 동안을,
믿음이 뛰어난 보살은 8아승지 10만겁 동안을,
정진이 뛰어난 보살은 16아승지 10만겁 동안을 지나 성불한다.

왜냐하면
해지(解智) 보살은 4구중 3구가 끝나기 전에 깨달음을 얻고
세지(細智) 보살은 4구중 4구가 끝나기 전에 깨달음을 얻으며
인도(引導) 보살은 4구중 4구가 끝난 뒤에 깨달음을 얻어
다같이 6신통과 4무애지를 실천하기 때문이다.

깨달음의 성자들

깨달음에도 세 가지가 있다.
바른 견해와 바른 사유(慧)와

바른 말 바른 행동(戒)으로
바른 직업에 의한 바른 생활, 바른 노력(定)으로

바른 삼매(三昧)를 단련하여
고·집·멸·도 4성제의 이치를 깨달아

나쁜 버릇, 오염된 생각을 제거한
바르고 평등한 깨달음을 얻은 부처님과

어떤 스승의 도움도 없이
홀로 그 길을 걸어간 벽지불과

스승의 가르침을 받아
그 같은 깨달음을 얻은 성문승(聲聞乘)이 있다.

연각보살은 2아승지 10만겁 동안
바라밀다를 완성하여 벽지불이 되고

성문보살은 사리불 목건련과 같이
10만겁 내지 100만겁
또는 한 두 생을 통해서 바라밀다를 완성하는데

그러나 부처님은 바다의 물방울과 같은 세월을
세상의 티끌 수 같은 공덕을 쌓아
끊임없이 신중하게 닦고 익혀
보살들이 갖추어야 할 온갖 덕성을 다 갖추는 것이다.

진정한 남자로써
아라한이 갖추어야 할 온갖 요소들을 다 갖추고
비구승단의 한 일원이 되어
강인하고 건전한 의욕을 가져야만
사견 바라문 외도가 되어 변방에 태어나지 않고
원만한 상호를 갖추어 세상에 나타나는 것이다.

그러므로 불자들은
어떻게 이 고귀한 가르침을 받고
바른 견해를 가지고
감사한 마음으로
악도중생을 건질 것인가 생각해 보아야 할 것이다.

티끌세계를 벗어난 부처님

이 세상 뭐니뭐니 해도
사랑처럼 무서운 것이 없다.

사랑 때문에 태어났고
사랑 때문에 죽기 때문에
이 세상 모든 것이 사랑밖에 딴 것이 없다.

죽는 것도 사랑이요
사는 것도 사랑이요
돈·명예·건강이 모두 사랑 때문이다.

그런데 그 사랑을 일찍이 벗어난 사람이 있었으니
가비라국의 태자 실달태자가 그분이다.

왕자의 지위도 야수다라의 사랑도
헌신짝같이 버리고 떠난 사람,

그는 일찍이 보지 못한 것을 보고

듣지 못할 것을 들었다.

이 세상에 나고 늙고 병들고 죽음이 없다면
나는 영원히 당신을 사랑하리라.

나는 이 세상이 없어질 때까지 자유롭고 깨끗하고
항상 즐거운 마음으로 사랑하리라.
나는 영원히 당신을 사랑하리라.

이것이 그가 버린
사랑의 고별사요
이별의 노래이다.

집착에서 벗어나다

이 세상 뭐니뭐니해도
나, 내 것보다 더 좋은 것이 없다.

내가 있기 때문에 네가 있고
내 것이 있기 때문에 네 것이 있다.

발가벗고 나온 놈이
나를 보고 내 것을 챙기면서부터
모든 것은 나, 내 것으로 만들려고 몸부림친다.

한 가지도 가져가지 못하고
가져갈 수 없는 것을 !

그런데 그는 일체의 소유 속에서
일체를 버릴 수 있었으니
이 몸과 마음이 본래 자기가 아닌 것을 깨달았기 때문이다.

하룻저녁 꿈속에서

아홉 가지 꿈을 꾸고
끝없이 새것을 찾아 헤매는 것이 구운몽(九雲夢)이다.

꿈을 깬 자는 집착에서 벗어나리라.
나, 내 것이 나를 묶고
고통의 씨앗을 만들고 있는 줄을 알기 때문이다.

욕망에서 벗어나다

먹는 것·입는 것·자는 것·노는 것
인간을 즐겁게 하는 것은
모든 것을 빠짐없이 다 맛보았다.

산에서 나는 것, 바다에서 나는 것, 들에서 나는 것,
날으는 것, 기어다니는 것, 함께 뛰고 춤을 추던 것,
다 먹어보고 다 입어보고 다 가져보아도
새록새록 새로운 것을 찾을뿐 싫어할 줄을 몰랐다.

삼씨 하나 보리 하나로 창자를 바트게 해보고
코를 막고 숨을 쉬어 호흡을 조절해 보고
생각을 질식시켜 비상비비상천(非想非非想天)에까지
이르러도 보고 죽음의 사자는
발뒤꿈치에 딱 달라붙어 있었다.

급기야 5온이 공한 것을 깨달아
인연의 탯줄을 놓아버리니
거기에는 시간도 없고 공간도 없어

완전히 욕망에서 벗어날 수 있었다.

있어도 소용없고 없어도 걱정없는 다정한 불심(佛心)
이것이야말로 나의 사랑이요 욕망이요 참된 벗이었다.

마라 파피아(악마)

국마라라 밥마라라
국에 밥을 말면 밥이 죽어 버리고
물에 밥을 말면 밥이 죽어 버린다.
그래서 옛사람들은 덕석마리로
사람들을 죽였던가 보다.

명예·돈·사랑
나, 내 것을 죽이는 마라여,
네가 내 앞에 올 때마다
나는 새까만 껌둥이가 되어 버렸다.

마라(죽여 버리고) 파피아(새까맣게 하는 자)여,
죽일테면 죽이고 살릴테면 살려보라.
나는 이미 그 지경에서 떠난 지 오래 되었으니.

몸에서 벗어나고
생각에서 벗어난 성자는
마라 파피아도 어쩔 수 없다네.

깨달음

나는 분명히 보았노라.
이 생명의 씨앗이
업(業)의 덤턱이 속에서 태어났다는 것을 !

나는 분명히 알았노라.
밝지 못한 마음(無明)이
이 세상의 모든 고통을 만들어 냈다는 것을 !

그래서 나는 다시 집을 짓지 않기로 하였다.
집의 주인을 보았기 때문이다.

깨달은 뒤의 있고 없는 것을 나는 논하지 않겠다.
물속에 안개가 들어있고, 비·서리·이슬이 들어있되
텅빈 하늘이 만물을 감싸고 있는 것을 나는 보았기 때문이다.

전도의 길에 나서며

어찌 그대를 잊을 수 있겠는가.
핏덩이 자식들이 이별의 눈물을 흘리고 있는데

어찌 그대를 잊을 수 있겠는가.
치성한 오음(五蔭)이 이 몸을 괴롭히고 있는데

어찌 그대를 잊을 수 있겠는가.
구해도 얻지 못해 몸부림치는 중생들을 보고

원수가 한데 모여 게거품을 흘리며
고래고래 소리치며 늙고 병들고 죽어가는 것을 보고!

그래서 나는 거리의 천사가 되어
남은 생을 걸사생활로 보냈나니
비구여 두렵거든 일찍이 비구생활을 그만두라.
비구는 물(物)을 쫓고 집을 지키는 것이 아니니라.

포교헌장

비구들아 길을 떠나라.
한 사람도 함께 가지 말고
혼자서 길을 떠나라.

이 세상의 고통과
중생을 위해
거리로 뛰어나가라.

하루에 일곱 집씩
한 집도 빼지 말고
잘났던지 못났던지
진리의 밥을 먹어라.

처음도 좋고 중간도 좋고 끝도 좋은
깨달음의 말과 행을 전하라.
보고 듣지 못하면 세상은 아주 망하고 말 것이다.

제2편 부처님의 가르침

부처님의 가르침을 배우라

아함경 · 방등경 · 반야경
법화경 · 화엄경 · 열반경은
부처님께서 설한 대소승의 대표적인 경전들이다.

인과 · 인연 · 마음법을 설하여
3세 시방 그 어느 곳에서도
대자유를 누릴 수 있는 방법을 설하였으니

악을 그치고 선행을 행하고자 하는 자,
어리석음을 굴려 지혜를 얻고자 하는 자,
범부를 고쳐 성현이 되고자 하는 자,
세상의 고통을 없애고 영원한 행복을 누리고자 하는 자는
누구나 이 경전을 보고 가르침대로 실천하라.

그렇게 하면 그대는 반드시
복과 지혜를 겸전한 쌍족존이 될 것이다.

아함경

콩 심은데 콩 나고, 팥 심은데 팥 난다.
해야 할 일과 해서는 안 될 일을 구분하되
심지 아니하면 거둘 것이 없어
항상·즐겁고·자유롭고·깨끗한 열반을 증득한다고 하였다.

장아함경은 22경 4분 30경,
부처님의 역사와 행과 교리
외도의 논란과 성·주·괴·공을 설했고,

중아함경은 60권 222경으로
4제 12인연 비유 등으로 불법의 이치를 밝히고
부처님과 그 제자들의 언행을 중심으로 엮었으며,

증일아함은 51권으로 1부터 11법까지
모든 단어와 숙어를 묶어 외우게 하고
잡아함경은 50권 잡된 일들을 묶어 교훈삼았다.

남방불교에는 이 4아함 밖에 소부를 설정하여

법구·본생·비유·인연을 15경으로 구성하였으니
누구나 읽기 쉽고 전하기 편리하게 하기 위하여
관심을 기울인 교훈들이다.

그러므로 아함경을 공부하면
불교의 교훈에 정통하여
해야할 일과 해서는 안될 일을 알 것이다.

방등경

유마·사익·능가·승만경 등 40여 권의 경전이
시간적으로는 과거·현재·미래 3세에 통하고
공간적으로는 동·서·남·북 4유 상하에 통해
바르게 참된 진리를 설하고 있다.

이 세상 모든 인과는 만남에서 이루어지니
어머니 태속에서 부모를 만나고 가정을 만나며
세상에 태어나서는 이웃과 사회 국가 민족을 만나
세계를 한꽃삼고 만민을 동체삼아 살아가는 인생.

만나서는 주고 받는 것이 중심이니
잘 주고 잘 빌고 잘 벌어 잘 쓰는 사람이
이 세상 가장 행복한 사람임을 가르치고 있다.

바르고 평등한 인과 인연,
누가 이것을 외면하고 천당과 지옥을 논하겠는가.
그러므로 지장보살은 마음구슬로 점치고
관세음보살은 소리 듣고 구원의 손길 내보이신 것이다.

반야경

2승의 미혹한 집착을 깨트리고
대승의 올바른 지혜를 나타내고자
제법실상을 설하여
텅빈 하늘이 삼라만상을 포용하듯
빈마음속에 일체 모든 존재가 빛을 발하도록 하였다.

4처 16회 600부 반야경은 가장 긴 경전으로
무상·무아·아공·법공을 설했고,
218자 가장 짧은 반야심경은
불생불멸·불구부정·부증불감의 반야의 체·상·용을 설해
5온속에 법신이 있고, 무명속에 명(明)이 있음을 밝혔다.

보시·지계·인욕·정진·선정·지혜로
6바라밀을 실천하면
피아(彼我)에 관계없이 누구나 저 언덕에 이르러
밝은 세상을 살아갈 수 있다 설했다.

법화경

방편과 진실을 밝혀
이와 같은 삶이 어떻게 하여 이루어졌는가를
분명하게 가르치어 나타내 보였다.

이와 같은 모습, 이와 같은 성품,
이와 같은 체력, 이와 같은 작용은
이와 같은 인연 과보에 의하여
처음부터 끝까지 이루어진 것을 밝히고 있다.

제법종본래(諸法從本來)
상자적멸상(常者寂滅相)
불지행도이(佛子行道已)
내세득작불(來世得作佛)

이 게송은 본래부터 우리 마음은
항상 적멸해 동요가 없다는 것을 가르치고 있으니
누구나 이 도리를 알면 그 자리에서 부처가 되리라.

열반경

살아서나 죽어서나 마음은 오직 하나
신령스런 마음은 헤아리기 어렵나니
무상·무아에 끌려다니지만 아니하면
언제나 즐겁게 자유스럽게 살리라.

제행무상(諸行無常)
시생멸법(是生滅法)
생멸멸이(生滅滅已)
적멸위락(寂滅爲樂)

변해가는 마음, 그 마음이 생멸법이니
생멸심만 없어지면
그대로 그 자리에서 열반락을 얻으리라.
이것이 열반경의 내용이다.

화엄경

크고(大) 넓고(廣) 바르고(方)
대방광의 이치를 깨달은 부처님이
그 마음의 꽃을 따라 장엄한 세계를
무진하게 종횡으로 펼쳐 놓았으니

보현보살의 10대 원과
의상대사의 법성게
용수보살의 약찬게로 집약해 놓았다.

약인욕료지(若人欲了知)
삼세일체불(三世一切佛)
응관법계성(應觀法界性)
일체유심조(一切唯心造)

이 4구게는 3세 일체불이
일체유심조를 깨달아 부처가 된 것이다 가르치고 있다.

원각경

둥근 거울 밝은 바닥엔
온갖 모습 다 나타나나
보는 놈 듣는 것이 모두가 환(幻)이라
꿈을 깨고 본자리에 나아가면
꿈꾼 자도 없는 것이다.

불각(不覺)으로 인하여
시각(始覺)이 생기고
시각으로 인하여 본각(本覺)을 알았으나
자각각타(自覺覺他)
각행원만(覺行圓滿)하니
마지막 깨달음이
원각(圓覺)속에 나타난다.

능엄경

탁하고 물든 마음 가리어 버리고 나니
묘한 마음 밝은 마음 그 속에 나타나네.
마등가 사랑속에 사무친 아난정이
대불정 여래밀인 그 속에 파고든다.

보고 닦고 깨달으면 증과가 분명하고
진망을 결택하여 각성을 개발하면
한 가지 법도 막힐 것이 바이없다.

진기(眞基)를 수행하여 진용(眞容)을 밝히면
여래장 창고 속에 귓구멍이 뚫어진다.
몸으로 계 지키고 입으로 수(呪) 외우면
거꾸러진 마음들이 바로 서며 밝아진다.

육도사생(六度四生) 지옥천당(地獄天堂)이
일심의 나툰바니
삿된 길 마군들이 발붙일 틈 없나니라.

팔만대장경

8만4천 번뇌 때문에
8만 대장경이 나타났으니
병 없는 사람에겐 약 또한 필요 없다.

상근기·중근기·하근기
영리하고 미련한 놈
탐·진·치 3독에 거만하고 의심하고
몸을 보고 마음 보고 삿된 견해 일으켜서
108번뇌 일으키니
부처님의 처방전이 8만4천 되었어라.

번뇌는 열이어도 생각은 하나이니
한생각 놓아버리면 8만장경 공장이다.
번뇌·소지 붙을 곳이 전혀 없기 때문이다.

삼장십이부(三藏十二部)

이들 모든 경전은
3장 12부로 되어 있다.

경장(經藏)
율장(律藏)
논장(論藏)

경은 모든 사람들이 마땅히 걸어가야 할 길이고
율은 악을 그치고 선을 행하는 것이며
논은 옳고 그름을 가늠하는 먹줄이다.

경선의 내용은
① 길(契經)
② 응송(應松)
③ 노래(諷誦)
④ 인연(因緣)
⑤ 본래의 사건들(本事)
⑥ 전생이야기(闍多伽)

⑦ 알 수 없는 일(未曾有)

⑧ 비유(譬喻)

⑨ 논의(論議)

⑩ 스스로 말씀한 것(自說)

⑪ 넓고 넓은 세계에 대한 이야기(方廣)

⑫ 수기(授記)로 구성되어 있다.

그러므로 이 글을 읽으면
누구나 시·수필·노래·논설에 능통하게 되고
풍부한 지혜와 복덕이 인생을 풍요롭게 한다.

인연

네가 있으니 내가 있고
내가 있으니 네가 있다.
네가 없으면 나도 없고
내가 없으면 너도 없다.

부모와 자식, 스승과 제자
아내와 남편, 어른과 아이가
모두 모두 만남속에 이루어져
주고받는 일 하다가 헤어진다.

잘 주면 잘 살고 못주면 못산다.
잘 받으면 잘 살고 잘못 받으면 망한다.
빚진 사람과 빚받은 사람이 서로 간에
일생을 주고받다 인생을 끝낸다.

인과

죽이기 잘한 놈 단명 허약하고
빼앗기 잘한 놈 가난하다.
바람 잘 피는 사람 자식 잘 안되고
거짓말 잘하는 놈 출세 못한다.

살리면 공덕 쌓고
베풀면 풍요롭다.
청정하면 화락하고
바른말 신용 얻는다.

금생에 지어 금생에 받고
금생에 지어 내생에 받고
금생에 지어 내내생에 받고
금생에 지어 언제 받을지 모르는 것이 있으니
상대가 맞추어 나타나지 않기 때문이다.

검은콩에서는 검은콩이 나고
흰콩에서는 흰콩이 나니

거짓없이 진실하게
세상을 복되게 살라.

마음

세 길 물속은 알아도
한 길 사람속은 알 수 없다.

모양도 없고 그림자도 없는 것이
삼세인과를 다 만들어 내고
만나는 사람마다 인연되니
이것이 무엇인고
나도 알 수 없습니다.

눈에 오면 보고
귀에 오면 듣고
코에 오면 맡고
입에 있으면 맛보고
몸에 있으면 촉감을 느끼고
속에서는 온갖 법을 다 생각하니
없다가도 있고
있다가도 없는 것
이것이 내 마음이고 주인이다.

제3편 부처를 보고 따라간 사람들

사랑의 친구들

보고도 못본척
가르쳐 주어도 따르지 않는 사람들도 있었지만
맨발로 복전이 된 사람들 가운데는
재가자도 있고 출가자도 있었다.

어떤 때는 부모가 되고 스승이 되고
자식 형제가 되어
버려진 자식들을 구원하고 보살핀 자
그 수를 헤아릴 수 없다.

절은 버림받은 사람들의 안식처이고
포교당은 귀머거리 장님들을 치료하는 병원이다.

마하가섭(Maha Kāśyapa ; 摩訶迦葉)

가섭(迦攝) 가섭파(迦葉波)로 음역하고
음광(飮光)이라 번역한다.
입에서 밝은 광명이 쏟아져 나왔기 때문이다.

3가섭과 10력가섭, 소승 음광부의 시조 가섭이 있기 때문에
구별하기 위해 마하가섭이라 불렀다.

전생에 어떤 부인과 함께 부처님 탑을 황금으로 수리하고
그 주위를 깨끗이 쓸고 보호한 인연으로
금생에 황금빛이 찬란한 몸을 받았다.

결혼 적령기가 되자 아버지께서 결혼한 것을 명령하므로
같은 몸매를 가진 사람이 있으면 가겠다 하여
베나레스의 거부장자의 딸과 결혼하였으나
두 부모를 섬기는 동안만 결혼생활하고
끝나면 각기 출가하여 도를 닦자고 하여
청정한 몸으로 38세까지 살았는데
그 해에 부모님께서 돌아가시자

각기 바라문교의 스님이 되었다.

그런데 베살리성 다자탑 앞을 지나가다가 부처님을 뵈오니
자리를 나누어 앉게 하고
"나에게 있는 정법안장 열반묘심을 가섭에게 부촉한다"
하여 이심전심의 초전자가 되었다.

그 뒤 영축산에서 염화미소(拈花微笑)하고
쿠시나가르에서 곽시쌍부(廓示雙趺)하여
세 곳에서 마음을 전해 받은 제자로 알려져
부처님 입멸 후에 불교계 대표자로써
제1회 결집의 편집장이 되었다.

아난존자(Ánada ; 阿難陀)

아난타는 부처님의 사촌동생으로
무염(無染)·환희(歡喜)·경희(慶喜)라 번역한다.
부처님 도 깨치신 날 저녁에 낳아 8세에 출가
여성들의 유혹을 많이 받았다.

부처님 전도생활 20년 후 대중에게 선출되어 근시자가 되고
항상 많이 듣고 기억하여 다문제일의 제자가 되었으며
부처님께서 멸도하신 뒤에는
경전의 송출자가 되어 제1회 결집자가 되었다.

또 부처님의 이모 마하파자파티의 출가를 도와
비구니 교난의 교수아사리기 되기도 하였다.

특히 마등가와의 사랑 때문에 칠처징심(七處徵心)
사약장(四若章), 팔환팔해(八幻八解)의
능엄경을 만들어 내어 삿된 길 마군이 길에 빠진
수행자들에게 좋은 길잡이가 되었다.

사리불(Śariputra ; 舍利佛)

부모의 별명을 따서
추로자(鶖鷺子) 신자(身子 ; 優婆室沙)로 불렀다.

왕사성 북 나라타촌에서 태어나
10남매의 장자로 빔비사라왕의 친구였다.

목건련과 함께
자연외도[1] 산자야의 제자가 되어 있었는데
5비구중 앗사지(馬騰)의 법문[2]을 듣고
죽림정사에 가 목건련과 함께 출가하였다.

그의 삼촌 장조범지(長爪梵志)가
부처님과 함께 논전한 뒤
얼마나 부처님을 찬탄하였든지
10남매가 모두 출가하여

---

1) 생사의 고통은 그냥 없어지는 것이 아니라 8만겁을 지내면 저절로 없어진다 주장함.

2) 諸法從緣生 諸法從緣滅 我佛大沙門 常作如是說.

자신의 집터를 희사
나란다(施無厭寺) 불교학교를 세움으로써
세계적인 불교대학으로 성장하였다.

인도의 금강지·선무외가 모두 이곳 출신이며
중국의 현장법사 신라의 혜초스님도 이곳에서 공부하였다.
부처님의 말씀 한 말 한 구절도 빠짐없이 전하여
지혜제일 사리불존쟈로 알려져 있다.

목건련(Maudgalyāyana ; 目健蓮)

중인도 왕사성 구리가촌 대바라문의 아들로 태어나
무역업에 종사하다가
어머니의 위선을3) 보고 출가
처음에는 사리불과 함께
사리사바(자연외도) 산자야의 제자로 있었는데
사리불과 함께 부처님을 뵙고
죽림정사에서 스님이 되어 신통제일 목건련존자가 되었다.

그는 신통력으로 천당에 올라가 아버지를 만나보고
무간지옥에 이르러 어머니 청제부인을 만나고
대신 고통 받기를 희망하였으나
먹는 것, 자는 것, 아픈 것, 죽는 것은
누구도 대신 할 수 없다.

---

3) 전 재산을 3분, 1분은 아버지를 위해 보시행을 하고, 1분은 어머니를
   위해 용돈으로 드리고, 1분은 자기가 장사밑천으로 사용하였는데,
   어머니가 그 돈을 가지고 환락에 빠져 복을 짓지 않고 있다가 하늘
   에 서약하고 피를 토하고 죽었다.

아누루타(Aniruddha ; 阿㝹樓馱)

아누루타는 여의(如意) · 이장(離障) · 무탐(無貪)
무멸(無滅) · 선의(善意)라 번역한다.

카필라국 석가족 출신으로 부처님께서 고향에 왔을 때
아누피야까지 와서 난다 · 아난타 · 제바 등과 함께 출가하였다.

부처님 앞에서 늘 자울다가
"전생에 조개 출신이라"는 꾸지람을 받고 용맹 정진하여
마지막엔 눈이 멀어졌으나 하늘에서 내리는 비
간디스강의 모래알까지 다 헤아려
천안제일 아누루타가 되었다.

부처님 임종시 4선 8정의 경계를 측정하고
또 제1회 결집 때는 자신이 들은 것을 그대로 술회하여
많은 도움을 주었다.

수보리(Subhuti ; 須菩提)

옛날 옛적 제 열번째 빠두뭇따라
세존께서 세상에 태어나기 전
항사와띠(백조)시에 난다사제가 있었는데
그는 일찍이
3베다(리그베다·사마베다·야주르베다)를 공부하고
4만4천 제자들과 함께 한 선인에게 출가
8등지(4선 8정)를 닦아 5신통을 얻었다.

빠두뭇따라 세존께서 세상에 태어나서
그와 그의 제자 들(결발행자)이 있는 곳에 나타나니
난다수행자는 오체투지 하고
꽃과 공양을 올린 뒤
7일 동안 꽃 일산을 받들고 있다가
십만 명의 비구스님들께 공양하고 발원하였다.
"나도 내생에는 저 부처님의 선두제자와 같이 되리라."

그때 부처님은
"너는 장차 고따마 부처님 앞에서

그대가 원하는 바를 성취하리라.”
수기 하여 그 후 5백생 동안 인천을 왕래하다가
까사빠 부처님 때부터
2만년 동안 위빠사나를 닦았다.

그리고 샤카 부처님 당시에는
사완티 수마나장자집
아나타삔디까(급고독)의 동생으로 태어났다.

어머니께서 큰 창고가 나타난 꿈을 꾸고 태어나
사람들은 좋은 일이 생긴 것이라 하여
‘수보리’라 이름 지었는데
중국 사람들이 이것을 선현(善現)·선길(善吉)이라 번역하였다.

또 태어날 때는 그 창고에 보물이 가득 찬 꿈을 꾸어
선업(善業)이라 부르다가
출가할 때는 그 창고가 텅텅비어
온세계로 퍼져 나갔으므로
공생(空生)이라 부르기도 하였다.

그는 대이니먼서부터 울음을 그치지 않아
집에서 쫓겨났고 마을에서도 쫓겨나
산과 들을 걸어다니며 울었는데 부처님께서
“그 우는 놈이 누구냐?”
하는 말씀을 듣고 즉시 깨달아 물었다.
“보리심을 발한 보살은 어떻게 살고

어떻게 그 마음을 항복받아야 합니까?”
“일체중생을 제도하여 무여열반에 들게 하되
아상·인상·중생상·수자상을 일으키지 말라.”
하여 제도했다는 생각도 없이 제도하였다.

빔비사라 임금님께서 초당을 지어드렸는데
그가 밖에 있을 때는 비가 내리지 않더니
집속에 들어가니 비가 내려

“비야 내려라. 나의 집은 가려졌으니
원하는 대로 비야 내려라.
나는 바람으로부터 보호를 받고
내마음은 집중되고 해탈되었으니 마음대로 비야 내려라.”

하여
“공 도리를 잘 알고 홀로 사는 이 가운데서는 으뜸이다”
칭찬받았다.

다사까(Pāsaka)

다사까는 사위성 기수급고독원 정사를 지키는 노예였다.
어깨너머로 종종 불법을 듣고 깨달음을 얻어 출가하였다.

91겁전 아지따독각불께서
간다마다나산에서 내려와 탁발하실 때 망고 열매를 공양하고

까사빠 부처님 때는 하녀의 아들로 태어나
한 장로의 시중꾼이 되었던 인연이 성숙한 것이다.

그는 전생의 일을 생각하여

"이느 때는 게으르며, 많이 먹고
빈둥거리며, 먹이로 채워지고
미끼로 길러지는 돼지처럼
거듭거듭 태로 태어났다."

하고 곧 아라한과를 증득하였다.

이바다(Revata:離婆多)

이 또한 하늘에 실숙(室宿 ; 북두칠성)에게 기도드려
낳았으므로 '이바다'라 불렀다.
그는 각·항·저·방·심·미·기(角·亢·底·房·心·尾·箕)
두·우·여·허·위·실·벽(斗·牛·女·虛·危·室·壁)
하는 28수를 가지고 점을 쳐
세상을 복되게 살기를 희망하였다.

그러나 부처님을 만나
"잘 살고 못 사는 것이 모두 한 생각에 달려있다"
듣고 출가하여 4선8정을 닦았다.

처음에는 눈·귀·코·혀·몸이
빛·소리·냄새·맛·감촉하는 것을 자세히 관찰하여
그 가운데 희·락(喜·樂)을 통해 초선을 얻고
그것을 다시
안팎으로 관찰하여
사념청정(捨念淸淨)을 얻었다.

그리고 그 생각이 허공처럼 넓게 퍼져
아무런 소유가 없어도 부족한 것이 없고
생각이 있지도 없지도 않는 경계에 이르러
생사를 자유자재할 수 있는 힘을 얻었다.

그래서 부처님은
"나의 제자들 가운데 선정삼매 속에서
도란(倒亂)이 없는 사람은 이바다가 제일이다"
하였다.

주리반특(Cuḍapanthaka ; 周利槃特迦)

'주리'는 작은 '반특'은 '길'이라는 말이다.
길가에서 낳았기 때문이다.
큰 아이는 영리하나 작은 아이는 미련하여
쓸소(掃)자에 쓸추(帚)자를 가르치는데
3년이 넘게 걸렸다.

형 반특이 "너 때문에 나까지 망신이다" 하여
"나가라" 하였으나 갈 곳이 없어 길거리에 울고 있으니
부처님께서 보고 물었다.
"왜 우느냐?"
"공부를 잘 못한다고 하여 쫓겨났는데 갈 곳이 없어 웁니다."
그때 부처님께서 아이 옆에 있는 비를 보고
"이것을 들고 마당을 쓸되 '쓸고 털리라' '쓸고 털리라' 하라."

그것은 잊어버리지 않고 2,3년을 열심히 쓸다가 하루는
부처님께 와서 말했다.
"부처님 부처님. 진짜 모든 것을 다 쓸고 털어버렸습니다."
"무엇을 쓸고 털었다는 말이냐?"

"마음속의 번뇌망상을 모두 쓸어버렸습니다."
"아이구 내새끼야."
하면서 부처님께서 무등을 태우시고
"오늘부터는 네가 비구니스님들의 교수사가 되라"
하였다.

싱갈라까비따(Singālakapitā ; 尸迦羅越)

싱가라까삐따는 시가라월·선생(善生)을 말한다.
94겁전 사따랑시(태양) 독각불께 야자수를 공양하고
깟사빠 부처님 때는 출가하여 백골관을 닦았다.

석가 부처님 때는 사위성에서 결혼, 싱갈라까를 낳았다.
중년에 출가하여 명상주제(白骨觀)를 받고
밧가국 숭수마라기라 베사깔라 숲에 있으면서 깨달음을 얻어
부처님의 상속제자가 되었다.

아버지의 유연을 따라 매일 아침 강물에 목욕하고
6방을 향해 예배하다가 부처님을 만나
"그렇게 의미 없는 절은 없다."
하고 동방은 부모이고 스승은 남방, 서방은 부부,
친족은 북방, 노예는 하방이고 상방은 종교인이라 하여
각기 계행 청정을 지키고 좋은 친구를 사귀며
다섯 가지 일로써 섬기면 죽어서는 천당에 가고
살아서는 가정이 평화로워질 수 있다 하였다.
이것이 저 유명한 육방예경(六方禮敬)이다.

꾼달라(Kuṇḍala)

위빳시 세존께서 허공으로 가시는 것을 보고
코코넛 열매를 공양하고 기뻐한 인연으로 출가하였다.

여섯 부처님 때도 출가하여 도를 닦다가
석가 부처님 당시에는 사위성 바라문 집에 태어나
청년시절 출가하였으나
이런저런 생각 때문에 공부를 잘하지 못하였다가
무심한 물·활·수레바퀴가
사람 시키는 대로 돌아가는 것을 보고
발우와 승복을 챙기다 그 자리에서 도를 깨쳤다.

"물은 길을 따라 흐르고
활은 쏘는대로 날아가네.
수레바퀴 굴러가는 곳엔
다시 두 번 자국 나타나지 않나니
수행자들이여, 승복을 입고 발우를 들고
지혜와 복덕을 닦으라."

아지따(Ajita)

91겁 전 위빠시 세존께
까뻿타 과일을 공양하고 인천을 윤회하다가
석가 부처님 당시에는
마하꼬살라왕(꼬살라왕의 아버지)의 권속 바라문
아들로 태어나 3베다에 능통하고 바라문 승려가 되었다.

고다와리강뚝 까뻿타 정원에 살다가 바와리로 인하여
떳사·멧떼야 등과 같이 부처님을 뵙고
애착에 대한 깨달음을 얻고 출가하였다.

"삶은 덧없고 목숨을 짧다.
늙음 피해 조용히 쉴 곳 찾는 자는
죽음의 두려움 꿰뚫어 보고
세상의 욕망을 버리고 열반을 즐긴다."

뿐나(富樓那, 彌陀羅多子)

아버지 뿐나(滿慈) 어머니 미다라니의 아들로
베다를 배우고 브라만의 성전을 지니고
많은 제자들에 의해 존경받던 뿐나는
전생에 빠두뭇따라 부처님이
설법제일 아라한을 칭찬하는 것을 보고
"나도 저와 같이 되리라."
하고 청공문법(請供聞法)하고
10만겁 동안 공덕을 닦은 인연으로
인천을 윤회하다가 마침내 가비라성
안냐꼰단야 장로의 조카로 태어났다.

삼촌께 귀의하여 득도한 뒤
까뻴라왓투 근처에서 위빠사나를 닦아
열 가지 논의에 대한 주제를 얻었다.
① 스스로 만족하고
② 독거하고
③ 교제하지 않고
④ 정진하고

⑤ 계를 지니고
⑥ 선정을 닦고
⑦ 지혜를 닦아
⑧ 해탈을 얻고
⑨ 해탈 지혜를 얻고
⑩ 해탈 지견을 얻어
모든 비구들에게 그렇게 되도록 가르쳤다.

부처님께서 죽림정사에 계실 때
사리불의 안내로 수레를 갈아탄 이야기를 나누고
마침내 부처님께 나아가 "설법제일 뿐나"라 칭찬받았다.

우팔리(Upali ; 優婆離)

인도 4성계급 가운데 가장 천민출신 우팔리는
집안대대로 이발사 일을 해왔다.
부처님께서 고향에 돌아와 이발하실 때
그의 어머니가 지켜보는 가운데 수다원
사다함·아나함·아라한을 성취하였다.

석가족 제자들이 출가하기 위해 부처님을 따라가자
아누피야 근처에서 머리를 깎아주고 돌아오다가
부처님께 나아가 물었다.
"저 같은 천인도 출가할 수 있습니까?"
"네 강이 한데 모이면 바다가 되듯이
4성이 출가하면 똑같이 부처님 제자가 된다."
하여 출가, 모든 출가자들의 머리를 깎아 주고
교단이 문제가 생길 때 계율에 관계된 것을
잘 기억하고 있었기 때문에
제1회 결집 때는 계율경전을 송출해 내
지계제일 우팔리 존자가 되었다.

라훌라(Rahula ; 羅睺羅)

라훌라, 부처님의 아들이다.
출가 후 12년 만에 고향에 돌아오자 야수다라부인이
라후라를 데리고 높은 누에 서서
"저 뭇 별들 가운데 태양처럼 밝은이가 너의 아버지이다.
거기 가서 상속을 받아오라."

수많은 스님들을 헤치고 뛰어가
"아버지 저에게 재산을 상속해 주십시오."
"좋다. 이 발우를 줄거나 법장을 줄거나 승가리를 가질래.
너에게는 모두 걸맞지 않는 것이니
눈에 보이지 않는 법을 너에게 주겠노라."
하며 무등을 하였다.

"내가 네가 없었다면 어찌 출가할 수 있었으며,
출가하지 아니했다면 어떻게 깨달음을 얻을 수 있겠느냐?
참으로 고맙다."

그리하여 법재(法財)를 받은 라후라는

그 뒤로 사미승이 되었으나
나이가 어려 1일1식을 할 수 없어 저녁을 약석(藥夕)
아침을 죽(朝粥)으로 떼우는 의식이 생겼고,
잔 거짓말을 잘하여 부처님께서 직접 찾아가
나운경(羅云經)과 같은 교육을 하여
밀행제일 라훌라 존자가 되었다.

교진여(Ajñāta-kauṇḍinya;阿若憍陳如)

부처님께서 6년 고행하시다가
수자타에게 유미죽 얻어 잡숫는 것을 보고
타락했다 버리고 녹야원으로 떠난 5비구 중 한 사람이다.

부처님께서 간디스강을 날아 모래 언덕에 이르러
갈대밭에서 하룻밤을 지내고 이튿날 녹야원으로 가니
그 찬란한 모습을 보고 물었다.
"실달다여 그대 모습이 옛날과 같지 않다."
"친구들이여, 이제 그대들은 나를 실달다여,
친구여, 부르지 말고 깨달은 사람(붓다)이라 부르라."
"무엇을 깨달았는가?"
"두 극단을 떠나야 한다는 것을 깨달았다.
의미없는 고행으로 이 몸을 괴롭히는 일이나,
쓸데없는 생각으로 방종 향락에 빠지는 일은
수행자가 피해야 할 두 극단이다."
그때 교진여가 "아" 하고 8정도의 이치를 깨달았기 때문에
그때부터 "아약 교진여"란 별명이 생기게 되었다.

마하꼿티나(Kauṣṭhila ; 摩訶狗律陀)

마하꼿티나는 빠두뭇 따라 세존 때 항사와띠에서
향과 꽃을 공양하고,
걸림없는 통찰(無畏碍) 성취한 스님을 보고
"나도 저와 같이 되리라."
서원, 승가리와 음식을 7일 동안 보시하고 법문을 들었다.

그 인연으로 오랜 세월 인천에 왕래하다가
사왓티 부유한 바라문가에 태어나
조카 꼿티나(사리불)가 출가한 것을 보고 화를 내어
"부처님은 모든 부모에게서 자식을 빼앗아 가고
자식들에게서 부모를 빼앗아 가며
모든 어린들에게서 남편을 빼앗아 간다."
비방하다가 부처님과 논쟁을 하였다.
"나는 이 세상 어떤 논리도 주장하지 않습니다."
"허허. 그 주장하지 않는다는 것을 주장하고 있구나."
논쟁에 지는 자는 머리를 내놓기로 하였기 때문에
머리를 내놓고 자르라 하자
"그것이 외도들의 잘못된 생각이다.

베어 못쓰게 될 목을 가지고 좋은일 하다가면 좋지 않겠느냐.”
하여 출가, 사리불 가족 20명을 모두 출가시켰다.

무엇이고 어려운 문제를 잘 풀어주어 20대 제자 가운데
분석적인 통찰(善等)을 제일 잘하는 제자가 되었다.

그러나 그는 언제나 평정되고, 지혜롭게 말하며,
우쭐대지 않고 사악한 죄를 송두리째 쓸어버렸기 때문에
많은 사람들로부터 존경과 사랑을 받았다.

찔라(遮羅)와 우빠찔라(優婆遮羅) 비구니

찔라 비구니와 우빠·시수빠는 사리불의 여동생들이다.
마하 꽃티나의 말을 듣고 어머니의 승낙을 받아
출가하였으나 아버지 루빠사리를 아는 사람들이나
오빠 사리불을 아는 사람들이 괴롭게 하여
많은 어려움을 겪었다.

특히 자연외도 산자야는 그들 외도들을 그들이 공부하는
장소로 보내 소란을 피우고
"젊은 나이에 무엇 할일이 없어 출가하여
밥을 빌어먹고 다니느냐?"
조롱하였다. 그러면 언제나 그렇게 말했다.

"태어난 자에겐 반드시 죽음이 있나니
그 원인은 감각적 쾌락을 즐기기 때문이다."

고요한 곳에서 생각을 가다듬고 선정을 닦아
마침내 4고 8고를 뛰어넘어 8정도의 길을 깨달았다.

"마음을 챙기고
눈을 지키고
감각적 능력을 조절하는 자는
누구나 마음의 평온을 얻을 수 있다."

삼가섭(三迦葉)

부처님께서 도 깨치신 붓다가야로부터
멀지 않은 곳에 전통적인
화룡(火龍)을 섬기는 외도 3형제가 있었다.

큰 가섭(우루베라)은 5백명,
중간 가섭(나제)은 3백명,
막내 가섭(가야)은 2백명의 제자들을 거느리고,

매년 한번씩 처녀를 사서 뱀에게
공양하는 의식을 하고 있었다.

그런데 부처님께서 그 화룡을 항복 받으니
3가섭의 제자 1천명이
모두 부처님의 제자가 되었다.

빔비사라왕의 초청을 받고 왕사성에 이른 부처님은
사방에서 타오르는 산불을 보고 연화경을 설하였다.

“불을 끄라.
탐욕의 불,
성냄의 불,
어리석음의 불,
이 불은 한 번 타면 그만이지만
마음의 불은
세세생생 꺼질 기약이 없다.”

그리하여 그들은 마음에 불을 끄고 나니
빔비사라 임금님께 공양대접을 받았다.
부처님께서 말했다.
“우루베라가섭은 대중공양을 잘하고
나제가섭은 교화를 잘하고
가야가섭은 모든 번뇌를 잘 항복받습니다.”

빔비사라 임금님은 그들을 위해 죽림정사를 마련하고
그들의 숙소로 제공하였다.

벨랏타시사(Belaṭṭhasisa)

3가섭의 제자 가운데 벨라타니사가 있다.
빠두뭇 따라 세존 때 법을 듣고 출가하고
31겁 전에 윗사부 부처님 때는
레몬(마뚜룽가)을 공양하였으며
석가부처님 때는 우루웰라깟사빠 제자가 되어 불을 섬기다가
부처님께서 연화경 설하시는 것을 듣고
천명의 제자와 함께 아라한이 되었다.

"불타는 까니까 나무처럼
보름에 뜨는 달처럼
등나무 넝쿨이 되어
세상을 이끄시는 부처님을 보았나."

하고 부처님을 찬탄하였다.

겁빈나(Kapphiṇa ; 劫賓那)

겁빈나 비구는 금비라(金毘羅)・
방성(房星)・방숙(房宿)이라고도 한다.
교살라국 사람으로 부모님께서
방숙에게 빌어 태어나기도 하였지만
천문과 역수에 능통하여
별을 보고 점을 치는 것이 남달랐기 때문이다.

하늘 사람들이 부처님께 내려와 법문 듣는 것을 보고

"천상인간에 부처님과 같은 이는 없다.
죽기 전에 부처님을 꼭 만나보고 죽어야겠다."

하고 비오는 날 도자기 굽는 집에 들어가
공부하고 있었다.

부처님께서 내일이면 그 생명이 다할 것을 아시고
늙은 비구로 변하여 그곳에 갔는데
그는 옆에 사람이 온 곳도 모르고 삼매에 들어 있다가

아침에야 인사를 하였다.
"누구의 제자냐?"
"석가모니 부처님 제자입니다."
"부처님을 뵈온 일이 있느냐?"
"한번도 뵙지는 못했으나 항상 저희 큰 스승으로
마음속에 모시고 있습니다."
"내가 석가모니다."
겁빈나는 울컥 눈물을 흘리면서 오체투지하고
부처님 발에 입맞추었다.

교범바제(Gavāṃpati ; 憍梵波第)

교범바제는 전생에 기러기 출신이다.
어린 기러기가 기러기 왕을 잘 섬겨 그 공덕으로
늘 천공을 받았으므로
천공제일 교범바제라 불렀다.

걸음을 소왕처럼 뚜벅뚜벅 걸어
우왕(牛王) · 우주(牛主) · 우적(牛跡) ·
우상(牛相)이라 부르기도 하였다.

음식만 먹으면 비스듬히 드러누워
되새김을 잘 했으므로
"네가 전생에도 소가 되어 그러하더니 그 버릇 못고치느냐!"
꾸지람을 듣고 즉시 버릇을 고쳤다.

니그로다(Nigrodha)와 짯따까(Cittaka)

니그로다는 180겁전 살라숲에 들어가
살라꽃으로 은거지를 짓고 그 숲속에 살다가
삐야닷시(즐거움을 주는 이)의 멸진정을 보고 출가,
여러 생을 인천에 윤회하다가 석가 부처님께서
제따와다(기수급고독원)를 보시 받는 모습을 보고
출가하여 두려움이 없는 도를 얻었다.

푸르고 아름다운 목을 가진 장로 짯따까는
91겁전 위빳시 부처님께 꽃공양을 하고
33천에 태어났다가
석가 부처님께서 탄생하였을 때는
리지기하 바라문의 아들로 태어났다.

부처님께서 웰루마나에서 설법하신 것을 듣고
깨달음을 얻어 출가하였다.

고살라(Gosāla) 비구와 수간다(Sugaudhả) 비구

고살라비구는 91겁전 한 나뭇가지에 매달려 있는 독각불께
누더기옷을 드리고 꽃공양을 한 인연으로 인천에 윤회하다가
석가 부처님 당시에는 마가다국 청소부 가정에 태어났다.

소나꼬띠깐나의 출가 소식을 듣고 출가,
어머니의 공양을 받았는데, 하루는 꿀과 유미죽을 얻어
덤불 숲 아래서 먹고 위빠사나를 닦아
단번에 숙명통을 얻어 다음과 같은 시를 지었다.

"나는 참으로 웰루굼바에서
꿀로 된 유미죽을 얻어먹고
무더기들의 일어남과 사라짐을 능숙하게 파악하고
독거에 전념 산등성으로 되돌아갔다."

수간다 스님은 91겁전 팃사 부처님 당시 사냥꾼으로 살다가
그 부처님께 꽃공양을 올리고
깟사빠 부처님 당시에는 재가승으로 출가
스님들께 큰 보시를 행하였다.

그리고 향실(부처님 방)을 전단향 나무로 꾸민 인연으로
태어날 때마다 몸에서 향기가 진동하여
수간다(좋은 향기)란 이름을 받았는데
120살 된 마하셀라 장로를 보고 출가하여
우기(雨期)를 걱정없이 보낸 출가자가 되었다.

난디야(Nandiya) 비구와 아바야(Abhaya)스님

난디야는 빳두못따라 세존의 탑묘를
전단향나무로 만들어 공경 공양한 인연으로
인천에 노닐다가 까삘라왓투의 석가 왕족으로 태어났다.

아누룻다(아나율)가 출가했다는 소문을 듣고
출가, 아라한이 되었는데
빠지나왕사 사슴 동산에서 마왕 파순을 두렵게 하여
쫓아낸 사실로 유명하다.

빠두못따라 세존의 가르침을 받고 출가했던 아바야는
10만겁 동안 타악처에 떨어지지 않고 있다가
이 세상에서는 빔비사라왕의 아들로 태어나
니간타 나띠뿟따의 양극단을 배워 논객이 되었다.

그런데 부처님께 질문하러 갔다가 독실한 신자가 되고
빔비시라왕의 죽음을 보고 출가,
법구경을 듣고 깨달음을 얻었다.

또 다른 아바야는 수메다 세존께 꽃공양을 올리고
인천세계를 윤회하다가 석가 부처님 당시에는
사위성 바라문가에 태어나 두려움없이 살아가다가
부처님 법문을 듣고 출가,
열심히 공부하여 아라한이 되었다.

공부도중 한 어여쁜 여인을 보고 한 번 돌아 봤으나
"윤회의 고통으로부터 다시 머리를 내밀어서는 안된다."
생각하고 용맹 정진하여 대도를 깨달았다.

로마사깡기야(Lomasakaṅgiya)와 잠부가미야뿟다(Jambugāmiyaputta)

로마사깡기야는 91겁전 위빳시 부처님께 꽃공양을 하고
깟사빠 부처님께 출가 하였으나
이 세상에 태어나면서 피부가 너무 부드러워
발에서 머리카락이 났다.
그러나 전생의 일(밧데까랏다경)을 생각하고
"닷바·꾸사풀·보따깔라·문장·빳바자풀이 나는 곳에서
독거를 실천하면서 가슴에서 뽑아내겠다."
하므로 어머니가 허락하여 출가 득도하였다.

31겁전 윗사부 세존에게 꽃을 뿌리고
33천에 태어났다가 석가 부처님 때에는
찜빠시 잠부가미야우바새의 아들로 태어난 잠부가미야뿟다는
사깨따시의 안자나와나에 살고 있다가
아버지의 편지를 받고 옷에 대한 집착을 버리고
용맹 정진하여 깨달음을 얻었다.

하리따(Hārita)와 웃띠야(Uttiya)스님

하리따는 31겁전 수닷사나 독각불게 꽃공양을 올리고
이 세상에서는 사왓티 부유한 바라문집에 태어났다.

젊어서 독뱀이 그의 아내를 물어 죽이는 것을 보고
출가하였으나 마음에 안정을 얻지 못하고 있을 때 부처님의
"자신을 일으켜 세우면서
화살을 만드는 이가 화살을 바르게 아는 것처럼
마음을 바르게 하고 무명을 자르라."
하신 말씀을 듣고 깨달음을 얻었다.

94겁전 싯닷타 세존 때 짠다바가 강가에 한 악어로 태어나
부처님을 등에 업고 건너드린 웃띠야는
그 공덕으로 인천에 윤회하다가
석가 부처님 당시에는 사왓티 바라문의 아들로 태어났다.

출가하였으나 마음을 잡지 못하고 있다가
"처음 마음을 청정케 하라."
하신 부처님 말씀을 듣고 위빠사나를 닦다가

병이 생겨 그 병으로 인한 염증 때문에
더욱 정진하여 해탈을 얻었다.

또 다른 웃띠야가 있다.
수미다 부처님께 가죽의자를 보시하고
금생에는 까삘라왓투의 왕족으로 태어나 출가,
마음 챙김을 닦았으나
한 여인의 아릿다운 모습을 보고 번뇌를 일으켰다.
그러나
"자신의 번뇌를 들어냄으로써 번뇌에 대한 혐오를 일으켜"
깨달음을 얻었다.

가흐와라띠리야(Gahraratiriya)와 숫삐야(Suppiya)스님

가흐와라는 31겁전 시키 세존 때 사냥꾼으로 태어나
천룡 야차들에게 설법하는 것을 보고 발심,
석가 부처님시대에는 사왓티 바라문의 아들이 되었다.

부처님께서 행하신 두 가지 신통을 보고 출가
가흐와라파라 강가 아란야에 살면서
곤충과 모기들을 이겨내며 코끼리처럼 싸워 깨달음을 얻었다.
그래서 가흐와라띠리야란 이름이 생겼다.

빠둣뭇따라 세존 때 출가 수행자로 있다가
기쁜 마음으로 부처님께 과일 공양을 하고
까사빠 부처님 때는 크샤트리아 집안에 태어나
성문 제자가 된 숫삐야는
가정과 권세를 믿고 교만, 자찬훼타하다가
소빠까 장로에게 출가 깨달음을 얻고
다음과 같이 노래하였다.

"나는 늙어가는 것 대신 늙지 않고
불타는 것 대신에 적정, 평온을 얻고
위없는 속박으로부터 벗어나게 되었다."

소빠까(Sopaka)와 뽀시야(Posiya)스님

소빠까는 제22 까꾸산다 부처님 때
큰 재산가의 아들로 태어나 과일 공양하고
승가대중께 식권을 배부하고 세 스님께는 우유를 공급하였다.

그 인연으로 인천에 윤회하다가
이 세상 가난한 여인의 태에 들어가
어머니가 난산으로 죽게 되자 묘지에 버려졌다.

다행히 어머니는 죽고 아기는 태어나 묘지기의 아들이 되니
묘지에서 사는 아이라 하여 이름을 소빠까라 불렀다.

일곱 살에 부처님을 뵙고 출가,
자애수행법을 배워 깨달음을 얻고
묘지 근처에 와 닦는 사람들에게 자애수행법을 가르쳤다.

94겁전 히말라야의 사냥꾼으로 돌아다니다가
띳사 부처님을 뵙고 흉기를 버리고
한 웅큼의 풀 자리를 제공한 뽀시야는

그 뒤 그는 사자에게 물려 죽어 천상에 태어났다가
석가 부처님 당시에는 사왓티 상가마지따 장로의 동생으로
출가, 4제를 명상 주제로 하여 아라한이 되었다.

사만냐까니(Sāmaññakāni)와
꾸마뿟따(Kumāputta)스님

91겁전 위빳시 세존께 긴 의자를 보시한 사만냐까니 스님은
현세에서 한 유행자의 아들로 태어나
부처님의 신통력을 보고 출가하여
옷과 음식, 덮개를 얻지 못해 헤매는 사명외도를 보고
"하염없는 마음에 안주하여야 행복할 수 있다" 가르쳤다.

91겁전 영양가죽으로 옷을 해입은 고행자 꾸마뿟따는
반두마띠시에서 위빠시 부처님을 뵙고
기쁜마음으로 사지에 바르는 기름을 보시하고
금생에는 아완띠왕국 웰루깐다시의 거사집에 태어나
사리뿟따의 법을 듣고 확고한 신념을 얻어 출가하였다.

그러나 명상주제를 얻지 못해 헤매다가 위빠사나를 닦고
"듣고 실천하되 집없이 사는 것은 즐거운 것이다."
하였다. 그리고 친구 수단따를 제도하여 함께 공부하였다.

가왐빠디(Gavampati)와 띳사(Tissa)스님

31겁전 시키 세존께 꽃 공양을 올리고
꼬나가마나 세존 때는 영묘에 일산과 처마를 받들고
깟사빠 세존 때는 목장의 아들로 태어나
아가시아당을 지어 바침으로써 죽은 뒤
4천왕천 세리사까(아카시아) 동산에서 살았던 가왐빠디는
석가 부처님 당시 야사 장로의 출가 소식을 듣고
친구들과 함께 출가 아라한이 되었다.
사라부강가 모래언덕에서 폭류를 잠재워
부처님을 돕고 비구니들을 구제하면서,

옛 부처님 대각지 보리수를 청소한 공덕으로
인천세계를 윤회하다가
부처님 고종사촌으로 태어난 띳사는
갖가지 파계행위로 불법을 검게 물들였다.
하루는 부처님께서 낮잠을 즐기는 그를 찾아가
허공에서 빛을 비추며
"칼에 맞은 것처럼 머리에 불붙은 것처럼 감각적 쾌락을
버리기 위해 비구는 집중하여 돌아다녀야 된다."

하여 그의 게으른 마음을 치료하였다.

위빳시 세존 때는 탈 것을 만드는 가정에 태어나
널빤지를 공양한 인연으로 인천세계를 유랑하다가
부처님 당시에는 노루와 왕국을 건립한 떳사는
빔비시라 임금님이 보낸 편지를 보고
부처님을 찬탄한 글에 감동하여 출가,
삿빠사디까 산기슭에 살면서 깨달음을 얻었다.

왓다마나(Vaḍḍhamāna)와 시리왓다(Sirivaḍḍha)스님

94겁전 팃사 부처님 때 망고열매를 공양하고
석가 부처님 때는 웨살리 릿차비왕국에 태어난 왓다바나는
믿음과 신뢰, 보시 봉사를 잘하였지만
부처님의 밥그릇을 뒤엎는 행위가 있어
승가에 사과하고 출가하였다.
그러나 게을러 부처님의 경책을 받고서야 발심하였다.

91겁전 위빳시 부처님께 깡카니 꽃공양을 한 시리왓다는
석가 부처님 당시 라자가하 거부장자의 아들로 태어나
출가 후에는 웨비라(7엽굴이 있는 산)
빤다와(왕사성 동쪽 기슭) 동굴속에서 살았다.
갑자기 먹구름이 일더니 비바람이 몰아쳐
여름에는 열병을 시켜주므로
순간 위빠사나를 닦아 깨달음을 얻었다.

카다라와니야(Khadiraraniya)와
수망갈라(Sumaṅgala)스님

빠두뭇띠라 세존 때 뱃사공의 아들로 태어난 카다리와니야는
갠지스강가에서 나룻터 일을 하다가
부처님과 스님들을 건너드리고 공경 존중하였는데
금생에는 마가다국 날라까마을 루빠사리바라문의
아들로 태어나 형님 사리불의 출가를 동경하여 출가하여
카다라와나 숲에 들어가 6신통을 얻은 아라한이 되었다.
그래서 부처님은
"아라야에 사는 비구 가운데서는 카다라와니야가 제일이다"
칭찬하였다.

싯닷타 세존 때 목신으로 태어난 수망갈라는
금생에는 사왓티에서 멀지 않은 까시에서 농사짓고 살았다.
부처님과 그의 제자들이 빠세나디 왕의 대접을 받고
호강스럽게 사는 것을 보고 출가하였으나
만족치 못해 퇴속하러 가다가
진흙에 시달린 농부를 보고 거듭 발심하여
"나는 낫과 쟁기, 굽은 괭이로부터 잘도 벗어났다"
하고 채찍, 정진하여 해탈을 얻었다.

시누(Sānu)와 라마니야위하리(Ramaniyavihāri)

94겁전 싯닷타 부처님께 세면할 물을 보시하고
수없이 인천세계에서 복락을 누린 시누스님은
금생에는 사왓티우바새 가정에 태어나 7살에 출가
전생 야차의 어머니가 현생 어머니께 시누의 마음이
흔들리고 있다 하여 슬피 울자 그 모습을 보고
"나는 죽지 않고 살아 있으니 울지 마십시오."
하여 대발심, 깨달음을 얻었다.

91겁전 위빳시 세존에게 꽃공양 하고
금생에는 한 장자의 아들로 태어나
욕망과 환락에 빠져 있다가
어느날 부정을 저지른 왕의 신하에 대해 혐오감을 일으켜
출가했으나 종종 정액을 누실하는 죄를 일으켰다.
부끄럽게 생각하여 퇴속하려 하다가
무거운 짐을 끌고 오던 넘어진 소가
다시 쉬어 풀을 뜯고 수레를 끌고 가는 것을 보고
우빨리 존자에게 참회하고 제 출발하여 아라한과를 얻었다.

사밋디(Samiddhi)와 웃자야(Ujjaya)

94겁전 싯닷타 부처님께
귀걸이가 달린 꽃다발을 공양한 사밋디는
석가 부처님 당시에는 라자가의 큰 부잣집에 태어났다.
넉넉한 가정과 풍요로운 덕성을 가지고
빔비사라 왕의 모임에 참석하였다가
부처님의 위신력을 보고 발심 출가하여 도를 닦는데
땅이 꺼지는 소리를 하고 달려드는 마라를
한 마음으로 물리쳐 부처님께 칭찬을 받고 확신을 가지고
아라한과를 증득하였다.
그는 어떠한 경우에도 두려워하지 않고
후배들을 가르쳤다.

92겁전 띠사 세존께 기쁜마음으로 까니 까라꽃을 따
귀걸이와 함께 보시한 웃자야는
끝없이 인천을 윤회하다가
석가 부처님 당시에는 왕사성 바라문가에 태어나
3베다에 정통하고 근행삼매(近行定)에 들었다가
웰추와나에 계신 부처님을 뵙고 출가, 해탈을 얻었다.

산자야(Sañjaya)와 라마데냐까(Rāmaṇeyyaka)스님

위빠시 세존 때 많은 음식과 옷을 보시하고
집사가 되어 삼보께 공양한 산자야는
부처님 당시 라자가라에 태어나
브라흐마유(미틸라의 제1 바라문)
뿟카라사띠(웃깟타의 박학 바라문)의 가르침을 받고
뛰어난 지혜를 얻었는데
스승께서 석가 부처님의 32상 80종호를 탐지하는 것을 보고
출가하여 삭발하는 사이에 6신통을 얻었다.

시키 세존 때 꽃공양하고 인천에 유랑하다가
부처님 당시에 태어나서는 제따와나 보시하는 것을 보고
확신한 라마네야까는 출가 후 부처님께서
"즐거워할만한 이(라마네야까)란 칭찬을 받고
장로들을 위협하는 소리를 냈으나
조금도 동요없는 것을 보고
"찌하찌하 소리가 나도
싯빠까새의 지저귐 때문에도
흔들리지 않는 마음을 갖는 이들이여!"
하는 시를 지었다.

위밀라(Vimala)와 고디까(Godhika)

위빠시 세존 때 소라 연주자로 태어나
부처님께 음악 공양하고
시중을 든 위말라(더러움에서 벗어난 이)는
깟사빠 부처님 때는 보리수를 향수로 씻고 탑자리를 닦으며
“장차 이 몸이 더러움이 없고 청정하기를 원하노라.”
하였는데
석가 부처님 때는 유리알과 같이 맑고 깨끗한 몸매를 받았다.
하루는 리자가하에서 부처님을 보고 출가, 동굴에 머물다가
쏟아지는 비를 보고 정신을 통일
만족스러운 아라한이 되었다.

94겁진 씻딧타 세존 때
한 숟가락의 공양과 꽃을 그의 친구들과 함께
공양하고 예배한 뒤 법문을 듣고,
깟사빠 부처님 때는 출가 사문이 되었다.
석가 부처님 때는 빠와(밀라)국 네 왕들의 아들로 태어나
고디까·수바후·왈리야·웃따야와 함께 까삘라왓투에 갔다가
부처님께서 신통력을 나타내어

숫도다나왕 등을 제도하는 것을 보고 발심 출가
숙명통을 얻어 빔비사라 임금님의 초대를 받았으나
비가 내리지 않아 이상스럽게 생각하였는데
그의 지붕이 덮이자 곧 비가 내렸다.

수마후(Subahu) · 윌리야(Valliya) · 웃따야(Uttiya)스님

세 도반들은 가려진 지붕아래서 다음과 같이 노래했다.

비가 내린다. 좋은 노래처럼
내 집들은 덮여 있고 안락하고 가려져 있다.

〈수바후〉

"그곳에서 나는 게으르지 않게 산다."

〈왈리야〉

"나는 동료 없이도 살 수 있으니
비야 내려라. 원하는 대로."

〈웃따야〉

안자나와니야(Añjanavaniya)와
꾸따위하리(Kuṭrihāri) 스님

빠두뭇따라 세존 때 꽃장수로 있으면서
재스민꽃을 부처님께 올린 안자나와니야는
빳사까 부처님 때는 사문의 행을 닦았다.
석가 부처님 당시에는 웨살리 왓지 왕족으로 태어나
가뭄과, 병, 세 종류의 인간(인간·비인간·축생인간)을 보고
또 보배경을 들은 뒤 그의 친구들과 함께 출가해
사끼따의 안자나와나 묘지 숲속에 살면서
버려진 침상을 얻어 풀로 덮고 그 위에서
위빠사나를 닦아 해탈의 행복을 만끽 하였다.

허공으로 가시는 빠두뭇따라 세존께 물 보시를 하고
이 세상에 태어난 꾸따위하리 스님은
출가하여 아라한과를 성취한 뒤
한 농부의 초막에 앉았다가 주인이
"그 누구요?"
하는 말을 듣고
"할일 마친 비구가 초가집에 앉아있으니

이 집 또한 헛되지 아니할 것이다.”
노래하였다.

　또 이름이 같은 꾸따위하리 스님은 옛부처님께 대나무 부
채를 보시하고 비구가 되어 오래된 집속에 있으면서 새집을
지으라는 천신의 말을 듣고
“새집은 고통이다”
깨우쳐 주었다.

라마니야꾸띠까(Ramaniya-Kūtika)와 꼬살라 위하리(Kosalavihāri)

180겁전 앗타닷시 세존께 자리와 꽃 공양을 한
라마니야꾸따까는 금생에 출가
왓지왕국의 아름다운 초가집에 살면서
여인들의 유혹을 보고
"나는 믿음으로 주어진 즐거움을 맛본다"
하여 물리쳤다.

옛날 옛적 히말라에서 멀지 않은 곳에
잎으로 덮인 집에 살면서
음식에 탐욕하고 우월한 습관을 즐기던 꼬살라 위하리는
그 장소에 알맞은 삼매를 얻어 바른지혜로
위빠사나를 닦았다.

시왈리(Sivali)와 왓빠(Vappa)스님

빠두뭇따라 세존 때 7일 동안 부처님과 비구승가를 공양하고
"내세에는 한 세존의 가르침에 제일가는 비구가 되기 원한다"
서원하여 그 부처님께 수기를 받았다.
위빠시 부처님 때는 반두마띠시에 태어나 왕과 함께
꿀·설탕·응유를 공양하고
"모든 사람들이 이 부처님을 존경하는 것같이
나도 내세에는 그 같은 존경을 받으리라."
서원하였다.
석가 부처님 때는 숫빠와사 공주의 태자로 7년 만에 태어나
위험하고 건너기 어려운 윤회를 벗어나 어리석음을 깨닫고
말없이 이야기하고 취착하지 않는 바라문이 되었다가
출가할때 삭발식을 하면서 예류·일래·불화·아라한이 되어
5백명의 비구를 거느리고 니그로다·빤다와산·아찌라와띠·
와라바다·히말라야·찻단따·간다마다나·레와따에 이르러
"자신의 가르침에 최상의 이득을 얻은 자 가운데
제일인자가 되었다"고 부처님께 칭찬을 받았다.

왓빠는 빠두뭇따라 세존 때 어떤 비구가

첫 번째 법을 전해받는 것을 보고
"자신도 그렇게 되기를 희망"
석가 부처님 탄생시는 까삘라왓투의 와셋타 바라문의
아들로 태어나 5비구 가운데 한 사람이 되었다가
녹야원에서 깨달음을 얻고
"보는 자는 보이는 것과 보이지 않는 것을 다 본다"
고 부처님을 칭찬하였다.

왓지뿟다(Vajjiputta)와 빳카(Paiskha)

91겁전 위빳시 부처님께 나가 꽃을 봉오리채 공양하고
석가 부처님 때는 웨살리 대신 집에 태어난 왓지뿟다는
웨살리에 와 신통을 부리는 부처님을 보고 출가했으나
축제일에 들려오는 음악 소리에 명상을 버리고 뛰쳐나갔다가
밀림속에 사는 천신의 노래소리를 듣고 되잡아 돌아와
지옥에 빠진 이들이 천상에 가는 것을 부러워하듯
위빠사나를 닦아 해탈을 얻었다.

빳카스님은 91겁전 위빳시 세존께서 설법하시는 것을 보고
네 가지 황금색을 꽃으로 공양하고
석가 부처님 때는 빔비사라왕에 의해 나무라 불리우는
암비발리의 태에 들어갔다.
태어나서는 위말라(더러움이 없는 이)라 이름 지어졌으나
부처님께서 신통력 나투시는 것을 보고 출가하여
"깃발로 생겨난 깃발을 버리고 깃발로 큰 깃발을 없앴다."
자랑하였다.

웃케빠까 따왓차(Ukkhepakatavaccha)와 메기야(Meghiya)스님

싯닷타 세존 때 강당의 기둥을 보시한 웃케빠까는
석가 부처님 당시에는 사왓디 한 바라문의 아들로
태어나 출가, 꼬살라의 한 마을에 거주하면서
지나가는 비구들에게 설법하다가 사리뿟따를 만나
집의 명칭, 경전의 암송, 바른법을 확립했다.
특히 율을 잘 지니고 3장에 통요했으니 물질과 정신
두 세계를 관찰 머지않아 위빠사나를 확립했다.

메기야도 위빳시 부처님께서 윗사와나대왕께
천지가 진동하는 이치를 설명 듣고 발심하였는데
석가 부처님 당시는 까삘라왓투의 석가족으로 태어나
출가하여 직접 시중을 들고
부처님께서 짤리까산에 머무는 동안
끼미깔라 강가 망고숲에 머물려다가
부처님께 두 번 거절 당하고
세 번째 허락을 받아 머물렀으나
파리 떼들을 물리치며 마침내 아라한이 되었다.

에까담마사와니야(Ekadhammasavaṇiya)와 에꾸다니야(Ekdāuiya)스님

빠두뭇띠라 세존 때 목신으로 태어나
여러 비구들에게 길을 인도하고
깟사빠 부처님 때는 바라나시 왕 끼끼의 손자
수야마로 태어나 왕위를 계승케 하였으나 전법 자가 없어
스스로 희말라야에 이르러 삿까(제석)가 말하는
"조건 지어진 것은 항상하지 않다"
는 말을 듣고 돌아와 많은 공덕을 지었다.

석가 부처님 당시에는 세따부야시 장자의 아들로 태어나
부처님께서 싱시빠와나(싱시빠숲)에서 제행무상법을 설하자
전생에 들었던 것이 인연되어 깨닫고 출가,
무아의 도리까지 깨닫고 온·처·계를 부서 마침내
열반을 증득하였다.

에꾸다니야는 앗타닷시 세존 때 야차대장으로 태어나
앗타닷시 부처님 아버지 탑(사가라)을 공경하고
깟사바 부처님 때는 "수승한 마음을 지니라"는 말씀을 듣고

그 후 2만년 동안 사문법을 닦다가 제따와나를 받으실 때
감격하여 출가, 수승한 마음을 지녔으므로
"혼자 감흥할만한 이"라는 칭찬을 받고
아난 존자에게 설법하였다.

"수승한 마음을 지니고 게으르지 않을 때
지혜의 길을 배우는 이에게 슬픔은 존재하지 않는다."

찬나(Channa)와 뿐나(Punna)스님

싯닷타 세존께 부드러운 감촉을 가진 깔개를 보시하고
석가 부처님 때는 궁전 노예의 아들로 태어난 찬나는
스승의 친척 모임에서 발심, 부처님을 너무 사랑하는 까닭에
"우리 부처님, 우리 법"으로 교만을 떨다보니
부처님 입멸 후 범단벌을 받고 혐오심을 없애고
위빠사나를 닦아 깨달음을 얻었다.

뿐나는 불교와 관계없이 히말라야 지역에 이르러
출가 고행, 산언덕바지에서 한 독각불이
열반에 드는 것을 보고 전단향목으로 화장하여 뿌려
천인들의 칭찬을 받았다.
석기 부처님 때는 수니삐린띠지방 숫삐리끼뻿띠니 기시의
집에 태어나 사왓티로 장사하러 갔다가 부처님을 뵙고 출가
"뿐나여, 눈으로 제어해야 할 물질이 있다"는 말을 듣고
고향으로 돌아 와 계와 지혜를 가르쳐,
남녀 각 500명이 발심, 천단향나무로 절을 짓고
부처님을 초청하여 친견케 하였다.

왓차빨라(Vacchapāla)와 아닥마(Atuma)스님

91겁전에 바라문법을 완성한 왓차빨라는
어느날 청동그릇에 유미죽을 위빳시 부처님께 공양하고
인천을 윤회하다가
석가 부처님 때는 라자가하 바라문의 아들로 태어나
빔비사라왕 모임에서 우루벨라 가섭의 신통력을 보고
출가, 7일만에 6신통을 얻었다.

아닥마 스님은 위빳시 부처님께 향수와 향가루를 공양하고
깟바씨 부처님 때는 출가 사문의 행을 닦았으나
성취하지 못하고 금생에 사왓티 장자의 아들로
태어나 결혼 직전 출가 하였으므로
어머니가 여러 가지로 유혹하였다. 그러나

"어린 봉우리가 늙은 가지가 되고
새 가지가 생길 때 뽑아내기 어려운 것처럼
나는 용케도 생사의 바다에서 벗어났다."

하고 자신의 지난날을 회고하였다.

마나와(Mānava)와 수야마나(Suyānana)스님

마나와는 91겁전 관상쟁이가 되었다가
위빳시 부처님 관상을 보고
그와 같이 되기를 희망, 우요삼잡 하였다.
석가 부처님 때는 사왓티 바라문가에 태어나
일곱 살 때 늙고 병들고 죽는 사람을 보고
부모님 승낙을 받아 출가하였다.
그것은 전생에 익힌 훈습이었다.

위빳시 세존 때 단냐와띠시에 태어난 수야마나는
탁발 나온 부처님을 자기집으로 맞아 꽃 깔개를 하고
공양을 드시게 하시니 크게 상찬하였다.
그 공덕으로 인천에 윤회하다가 석가 부처님 때는
웨살리 바라문의 아들이 되어 3베다에 능통하였으나
가정생활을 혐오하여 선정을 닦다가 출가 아라한이 되어
들뜨고 의심하는 수행자들을 교도하였다.

수사라다(Susārada)와 삐얀자하(Piyañjaha)스님

수사라다는 빠두뭇따라 세존 때
바라문 가정에 태어나 주술에 통달했으나
가정의 위험을 보고 히말라야로 출가 은거생활을 하였다.
그때 부처님이 오시는 것을 보고 발우에 과일 공양을 하고
석가 부처님 때는 사리뿟따의 친척으로 태어나
사리뿟따의 법문을 듣고 아라한과를 성취하였다.

삐얀자하는 위빠시 세존 때 히말라야에서 목신으로 살았다.
그때 천신들과 함께 한쪽에 서서 법문을 듣고
간디스강의 모래알과 같은 덕성에 감탄하였다.
석가 부처님 당시에는 웨살리 릿차왕족으로 태어나
전쟁에만 나가면 사람을 죽여 사랑하는 이를 제거하였으므로
이름을 '삐얀자하'라 하였다.
부처님께서 웨살리에 오셨을 때 발심하여,
보통 사람들의 길과 성자들이 같이 않다는 것을 깨달았다.

핫타로뿟다(Hatfhārḥ-putta)와 멘다시라(Meṇḍasira)스님

핫타로뿟따는 위빳시 부처님께 꽃 공양을 하고
오체투지한 인연으로 인천에 윤회하다가
석가 부처님 당시에는 사왓티 코끼리 몰이꾼의
아들로 태어나 코끼리 기술에 능숙하였다.
그러나 코끼리보다는 자신을 길들이는 것이
최상이라 생각하고 출가하여 발정한 코끼리를 길들이듯
그 마음을 조련하여 마침내 아라한이 되어
원하는대로 떠돌아 다녔다.

멘다시라는 91겁전 바라문의 가정에 태어나
히말라야 선인들과 함께 연꽃 공양을 하고
이 세상에서는 코끼리 몰이꾼 대장(멘다시라)이 되었다가
출가, 사마타와 위빠사나를 닦아 6신통을 얻은 성자가 되었다.

랏키따(Rakkhita)와 웃가(Ugga)스님

랏키따 스님은 빠두뭇따라 세존 때
설법을 듣고 기쁜 마음으로 칭찬한 인연으로
10만겁 후에 고따마 랏키따 제자가 될 것이라는 수기를 받고
인천에 윤회하다가 석가 부처님 당시에는 웨데하 마을
석가 종족에 태어나 보호를 받는 사람이 되었다.

그런데 석가와 꼴리왕들이 세존을 보좌하기 위해 보낸
5백 왕자들 가운데 한 사람으로 출가 하였으나
발심 출가한 것이 아니기 때문에 세상의 애정을 갈망하다가
꾸날라다하 강가에서 꾸날라(비구니) 자따까 이야기를 듣고
감각적 쾌락을 깨닫고 위빠사나를 닦아 성불하였다.

31겁전 시키 세존께 무화과꽃을 공양한 웃가는
석가 부처님께서 꼬살라왕국 웃가마을 작은 정원에 계실 때
법문을 듣고 출가, 위빠사나를 닦아 아라한과를 성취하였다.

사미띠굿따(Samitigutta)와 깟사빠(Kassapa)스님

위빳시 세존께 제스민꽃을 바친 사미띠굿따는
어떤 독각승을 보고 나환자일 것이다 침을 뱉고
지옥에 떨어져 갖은 고통을 받다가
부처님 당시 사왓티 한 바라문의 아들로 태어나
설법을 듣고 발심하였으나 나병환자가 되었다.
그런데 하루는 사리뿟따가 와서 병문안 하면서
5온이 공한 도리를 알아야 이 세상의 고통이 다한다는
말을 듣고 위빠사나를 닦아 6신통을 얻었다.

바두뭇따라 세존 때 한 바라문 가정에 태어나
3베다와 바라문 지식에 정통하고 기쁜 마음으로
부처님께 꽃 공양히고 꽃을 뿌렸던 깟사빠는

그 인연으로 10만겁 동안 좋은 곳에 태어났다가
부처님 당시에 사위성
서북쪽 한 바라문의 아들로 태어났다.

어릴 때 아버지를 잃고 어머니 품에서 자라다가

제따와나에 가서 설법을 듣고 예류과를 성취, 출가하였다.
부처님을 따라 지방 유행에 나가려 하니
어머니께서 말씀하였다.

"걸식하기 좋고 축복스럽고 두려움 없는 곳에 가서
슬픔에 잠기지 말라."

사하(Siha)와 니따(Nita)스님

180겁전 앗타닷시 세존께서 세상에 계실 때
사하 스님은 짠다바가 강가에서 긴나라로 태어나
꽃을 먹고 꽃 속에서 살았다.
허공을 날으는 세존을 보고 전단향과 꽃을 바쳐
그 공덕으로 수없는 인천과보를 받고
석가 부처님 당시에는 말라왕족으로 태어나 출가하였으나
집중되지 않아 허대고 있을 때 부처님께서 명상주제를 주고
"부지런히 살아라. 밤낮으로 정진하며 좋은 법 닦으라."
하시는 말씀을 듣고 불행을 제거하고 영원한 생명을 얻었다.

니따 스님은 빠두뭇따라 세존 때 수단나 바라문이 되어
수백 명 바라문들을 지도하여 희생제를 지냈는데
부처님께서 그를 어여삐여겨 허공을 날으니
그를 보고 한없이 기뻐하였다.
그 인연으로 금생에는 사위성 바라문의 아들로 태어나
불법을 믿고 계를 지키시더니 출가하여서는 도리어
막행막식하여 수마에 끌려 고생하다가
부처님의 말씀을 듣고 재발심하여 아라한이 되었다.

수나가(Sunāga)와 나기따(Nagita)스님

31겁전 시키 부처님 당시 3천 제자에게 베다송을 가르치던
수나가는 부처님의 상호를 찬탄한 공덕으로
인천세계를 윤회하다가 석가 부처님 당시에는
왕사성 날라까 마을 사리불의 친구로 태어나
청법하고 출가, 히말라야산 근처 와사바산 어귀에
은거지를 만들고 수행, 아라한과를 성취
사려 깊은 정신적 행복을 성취하였다.

나기따 스님은 빠두뭇따라 세존 때 바라문으로 태어났다가
승가대중이 걸어가는 것을 보고 찬탄하였는데
그 인연으로 인천세계를 윤회하다가 부처님 당시에는
까빌라왓투 석가왕족으로 태어나
중아함경 말씀하시는 것을 듣고 출가, 깨닫고 찬탄하였다.

"세존께서는 열반의 즐거움을
손바닥위의 구슬처럼 보여주신다."

빠윗다(Paviṭṭha)와 앗주나(Jjiuma)

앗타닷시 세존 때 계사와라로 고행자로 태어났던 빠윗다는
부처님의 법문을 듣고 절하고 우요삼잡한 인연으로
수없는 인천세계를 윤회하며 복을 받았다.
부처님 당시에는 마가다국 왕족의 바라문으로 태어났다가
사리불과 목건련이 출가했다는 소문을 듣고
나아가 청법하고 출가, 도를 깨달았다.
"나는 5온이 공한 이치를 깨달아 모든 존재를 파괴
다시는 생사윤회에 들지 않는 사람이 되었다."

위빳시 부처님 당시에 사자의 몸으로 태어난 앗주나는
아란야나무 밑에 앉아 계신 세존을 보고
살리니무를 잘라 공양하였다
그 인연으로 이 세상에서는 사위성 장자의 아들로 태어나
니간타들에게 출가 하였다가 부처님의 신통력을 보고
"오 나는 스스로 올라오는 신통력을 보고
큰 폭류에서 벗어난 것처럼 진리를 통찰했다."
고백하였다.

데와사바(Devasabha)와 사미닷다(Sāmidatta)스님

시키 세존 때 비둘기로 태어난 데와사바는
삐알라나무 과일을 부처님께 바치고
인천세계를 윤회하다가 부처님 당시에는
한 나라의 왕이 되었다가 법문을 듣고
나라를 버리고 출가 아라한이 되어
"진창과 수렁에서 벗어났다"
고 하였다.

또 따른 데와사와는 시키 부처님께 꽃공양을 올리고 인천을 윤회하다가 석가 부처님 당시에는 석가왕족으로 태어나 부처님께서 물 전쟁을 화해시키는 것을 보고 출가 아라한이 되었다.

사미닷다 스님은 앗타닷시 세존 때
그 스님의 탑을 공경하고 이 세상에 태어나서는
왕사성 한 바라문의 아들이 되어 법문을 듣고 출가하였으나
한때 게으름을 피워 방황하게 되었다.

그때 부처님께서
"초인법을 성취했느냐?"
물으시는 바람에
5온이 공한 것을 깨닫고 해탈하게 되었다.

빠라뿐나까(Paripuṇṇaka)와 위자야(Vijaya)스님

담마닷시 부처님 탑묘에 꽃공양을 한 빠라뿐나까 스님은
이 세상에 태어나서는 까빌라왓투 석가족으로 태어나
부를 갖춘 사람이었다.
항상 산해진미로 입맛을 돋우었는데
부처님께서 섞인 밥을 잡수신다는 말씀을 듣고
윤회에 대한 혐오를 일으켜 출가,
위빠사나를 닦아 아라한이 되었다.

"넘치는 희열로 기쁨에 찬 맛은
백가지 음식 맛의 유가 아니었다."

삐야닷시 부처님 탑을 보배로 장식한 위자야는
부처님 당시 사위성 바라문가에 태어나
바라문 지식을 통달하고 고행 출가하여
아란야 생활을 하다가 석가 부처님을 뵙고
바로 깨달음을 얻어 완전히 번뇌에서 벗어났다.

어라까(Eraka)와 멧띠지(Mettaji)스님

싯닷타 세존 때 부처님이 가시는 길을 청소,
기쁨을 감추지 못하고 있다가
이 세상에 태어나서는 사위성 큰 부자가 되었는데
"감각적 쾌락도 뒤에 고통을 부른다"
하신 부처님 말씀을 듣고 출가하였지만
한 때 후회하여 공부가 잘 되지 않았다.
그러나,
"감각적 쾌락도 고통이라"
는 부처님의 말씀을
다시 한번 듣고
깨달음을 얻어 아라한이 되었다.

아노마닷시 세존 때 보리수나무 주위를 타일로 쌓고
난간을 만들어 신의 음식으로 공양한 멧띠지는
그 인연으로 인천의 과보를 받다가 석가 부처님 당시에는
마가다국 바라문의 아들로 태어나
부처님을 뵙고 출가, 아라한이 되었다.

짯쿠빨라(Cakkhu pāla)와
칸다수마나(Khaṇḍsumana)스님

싯닷타 세존 때 세존의 탑에 꽃 공양을 올린 인연으로
이 세상에 태어나서는
사위성 재산가의 아들로 태어난 짯쿠빨라는
기수급고독원에서 법문을 듣고
동생에게 모든 재산을 물려주고 출가하였다.
그러나 그는 불행히도 눈병이 들어 눈이 멀어졌다.
60명의 수행자들과 함께 있다가 타락한 수행자가
길잡이가 되려 하자
"나는 가기 어려운 길을 혼자 기어가는 한이 있더라도
사악한 벗과 짝하지 않는다"
하고 깨달음을 얻었다.

칸다수마나는 맛뚜뭇다라 세존 때 탑주위를 장식하고
그 공덕으로 인천세계를 윤회하다가 석가 부처님 당시에는
빠아에 있는 밀리왕족으로 태어나 부처님께서
쭌다의 암바와나에 머무실 때
법을 듣고 출가, 깨달음을 얻었다.

벨랏타니까(Belaṭṭhānika)와 세뚯차(Setuccha)스님

31겁전 바라문의 웻사부 부처님께 꽃 공양하고
인천을 윤회하다가 석가 부처님 당시에는
사위성 바라문가에 태어나 출가 한 벨랏타스님은
꼬살라왕국의 한 아란야에 살면서
놀기를 즐기고 거친 말을 하였다.
"재가자 상태를 버리고서도 왕성에 이르지 못해
입의 쟁기로 큰 멧돼지가 미끼를 먹는 것처럼
배를 위해 살고 게으르면 어리석은 이는
계속해서 태에 들어간다"
하는 게송을 듣고 깨달음을 성취하였다.

띳사 부처님 당시 뺑니무과일을 고고넛 쌜러드와 함께
공양하고 이 세상에 태어나서는 지역관리의 아들로
태어난 세뚯차는 아버지가 죽자 왕권들을 형성하지 못해
남의 손안에 고통하다가 삶의 혐오를 느끼고 출가하였으나
삼매를 얻지 못해 얻음과 잃음으로 한때 혼란에 빠졌었다.
그러나 유행중 부처님 법문을 듣고 믿음을 형성
바른정진으로 아라한이 되었다.

반두라(Bandhura)와 키따까(Khitaka)스님

반두라는 싯닷타 세존 때 내궁직으로
부처님께서 내궁을 지나가는 것을 보고 까나웨라꽃을 공양하고
금생에는 실라와띠 도시에 장자의 아들로 태어나
설법을 듣고 출가, 자기나라 임금님을 교화하여
수닷사다란 큰 정사를 짓게 하고 항상 벗의 맛속에 살았다.

빠두뭇따라 세존 때 야차대장으로 태어나
문법환희하여 박수를 치고 오른쪽으로 돌았던 키따카는
석가 부처님 당시에는 사왓티 바라문가에 태어나
목갈라나 장로의 신통력을 보고 출가,
위빠사나를 수행 6신통을 얻었다.
마치 바람에 날리는 솜털처럼
그 몸을 가볍게 부양하며 살았다.

말리따왓바(Malitarambha)와
수헤만따(Suhemanta)스님

빠두뭇따라 세존 때 히말라야 자연호수의 새로 태어난
말리따왓바는 흰 연꽃을 부처님께 공양하고
인천을 윤회하다가 석가 부처님 당시에는
바루깟치시에서 빳차부 장로에게 법문을 듣고 출가,
위빠사나를 닦아 깨달음을 얻었다.

92겁전 띳사 세존께 용화수꽃을 공양한 수헤만따는
석가 부처님 당시 변방지방의 부유한 바라문의 아들로 태어나
상깟사시 사슴동산에서 부처님의 법문을 듣고 출가,
3장에 통달하고 머지않아 6신통을 얻었다.

담마사와(Dhammasava)와
담마사와삐따(Dhammasava-pitā)스님

빠두뭇따라 부처님께 한 지도자 바라문으로써
산화의 공덕을 짓고 천상세계를 윤회하다가
석가 부처님 당시에는 마가다왕국의 바라문으로 태어났다가
부처님께 닷키나기리(남산)에 머물고 계실 때 법문을 듣고
출가, 위빠사나를 닦아 세 가지 지혜를 성취한 아라한과를 얻
었다.

부따가나산에 사는 독각불을 보고 꽃공양을 한
담마사와삐따는 부처님 당시에는 마가다왕국의
바라문으로 태어나 아들 담마사와가 출가하자
120살의 많은 나이로 출가, 아라한이 되어
"자신의 성취를 관찰하고 정신적 기쁨을 얻었다"
고 기뻐하였다.

상가랏키따(Sangharakkhita)와 우사바(Usabha)스님

94겁전 독각불을 보고 까댱바나무 꽃으로 공양한
상가랏키따는 석가 부처님 당시에는
사위성 농부의 아들로 태어났다.
출가 하여서는 한 비구와 함께 아란야에 살았는데
덤불속의 새끼난 사슴이 새끼 때문에 먼 길을 가지 못하고
굶주리는 것을 보고 발심, 즉시 아라한과를 증득하였다.

31겁전 천신으로 태어나 시키 세존께 꽃공양을 한 우사바는
석가 부처님 당시에는 꼬살라왕국 평민으로 태어나
출가하여서는 아란야의 산 어귀에 살았다.
한 번은 우기 때 비가 산 정상의 숲들을 빽빽하게
만드는 것을 보고
"숲과 산은 참으로 즐길만한 곳이다"
생각하고 올바르게 사유하여 깨달음을 얻었다.
모든 것은 때가 있기 때문이다.

젠다(Jenta)와 왓차곳따(Vacchagotta)

시키 세존 때 천신으로 태어나 꽃 공양을 올린 젠따는
석가 부처님 당시 마가다왕국의 젠따왕의 아들로 태어났다.
그는 어렸을 때
"출가는 어려운 것이요, 재가도 쉬운 일이 아니다.
법은 심오하고 재산은 얻기 어렵고,
무엇을 해야 할 것인가?"
이런 생각을 하다가 부처님께 법문을 듣고 출가, 득도하였다.

위빳시 세존 때 반두마띠시에서 부처님께 꽃 공양을 한
왓차곳따는 부처님 당시 사위성 바라문으로 태어나
바라문교의 사문이 되었다가
부처님을 만나 법문을 듣고 출가 득도하여
"백줄기 광선이 솟아오른 것처럼
백색광선이 빛나는 것처럼
15일 보름달이 세상 이끄는 것처럼
나는 그런 분에 인도되어
세 가지 지혜를 얻고 선정에 들어 깨달음을 얻었다."
고 하였다.

아디뭇따(Adhimutta)와 마하나마(Mahānāma)스님

빠두뭇따라 세존 때 바라문 사문이 된 아디뭇따는
자신의 옷을 벗어 발바닥에 깔아드리고
흑단양으로 공양한 뒤 열 개의 게송으로 찬탄하고
수기를 받았다.
"장차 그대는 석가 부처님 때
6신통을 얻는 수행자가 될 것이다."
과연 석가 부처님 당시에는
사위성 바라문의 가정에 태어나
베다지식을 통달하고 부처님께 출가하여
아라한과를 성취했다.
"까니까라꽃처럼 빛나고
태양처럼 광채가 나는 어른께 귀의하였다."
자부심을 가지고 짧은 인생을
사문의 이익으로 꽉 채웠다.

수메다 세존 때 꽃공양을 하고 수기를 받은
마하나마는 인더스 강둑에 살면서 제자들에게
전설과 관상학을 가르쳤으나 이 세상에 태어나서는

사위성 바라문의 자식이 되었다가
기수습고독원에 가 법문을 듣고 출가 네사다까산에 살면서
번뇌의 편견을 파괴하였다.

삐라삐리야(Pārapariya)dhbk와 야사(Yasa)스님

삐얏닷시 세존 때 사냥꾼으로 태어났던 빠라빠리야는
멸진정에 든 부처님께 연꽃 공양을 하고
7일 동안 존경하였다.
이 세상에서는 왕사성 바라문 가정에 태어나
3베다에 능통한 바라문 스승으로
많은 제자를 거느리고 있다가
부처님의 위신력을 보고 출가,
아라한이 되었다.
"스스로 존재하여 세상을 이끄시는 세존께 귀의합니다."
하고 말이다.
그래서 그는 여섯 가지 접촉의 영역을 버리고
삼삭의 문을 열고 사악의 뿌리를 뽑아내고
번뇌를 소멸하였다.

수메다 세존 때 위엄있는 나가의 왕이 되어
부처님과 승가 대중에게 큰 보시를 베풀었다.
삿닷타 세존 때는 보리도량에
일곱 가지 보배를 공양하고

깟사빠 세존 때는 출가 사문이 되었다.

석가 부처님 당시에는
바라나시 부유한 장자의 아들로 태어나
삶에 염증을 느낀 야사가
열린 문으로 나와 이씨빠다나 가까이 가서
괴로움 속에서 괴로움 없는 이치를 깨달아 출가,
그의 부모와 친구들을 제도하였다.

"큰바다에 들어가 잘 만들어진 연못에서 거위 울음을 하며
세 가지 지혜를 성취, 부처님의 가르침을 실천했다."

낌빌라(Kimbila)와
왓지뿟따(Vajjputta)·이시닷다(Isidatta)

까꾸산다 세존의 당을 지어 꽃다발을 공양한 낌빌라는
인천중에 윤회하다가 석가 부처님 당시
까삘라왓투 석가 왕족으로 태어나 아누삐야에 머무르면서
늙고 병들고 추한 모습을 보고 이 세상 모든 것은
무상하다는 것을 깨닫고
"청춘은 명령 받은 것같이 달린다."
하였다.

왓자뿟다는 94겁전 독각불이 걸식하는 것을 보고
기쁜 마음으로 까달리 과일을 공양하였다.
그리고 석가 부처님 당시에는 웨실리 릿차 왕자로 태어나
부처님 법문을 듣고 출가 위빠사나를 닦아 6신통을 얻고
"스스로 존재하시는 분, 패배하지 않으시는 분께서는
독거의 시간을 보내시고 그 지역에서 나오셨다."
찬탄하였다.
그리고 아난 존자를 꾸짖었다.
"무성한 나무 밑에 들어가 명상하라.

왁자지껄 떠들어 대는 것이
그대에게 무슨 이익이 있겠는가.”

위빳시 부처님께서 마차 타고 가시는 것을 보고
달콤한 향료 과일을 공양하고
석가 부처님 탄생시에는 이완대 왕국의 왓다가마 대상의
아들로 태어나 찟따거사의 편지를 받고 부처님을 사모
마하찟짜나(대가전연)에게 출가하여 위빠사나를 닦아
6신통을 얻었다.

“세존님, 저는 당신의 가르침에 닦아 갔을 때
제 모든 괴로움이 사라졌습니다.”

그는 출가 후 얼마 되지 않아
5온이 공한 이치를 깨닫고
그 뿌리를 잘라 일체의
고통에서 완전히 벗어났다.

마하빠자빠띠(摩訶波闍波提) 비구니

빠두뭇따라 세존 때 제1 비구니를 보고 공덕행을 닦고
까삿사빠 세존 때는 바라나시에서 5백명의 하녀대장으로
다섯 명의 독각불께 경행처를 지어드리고 공양했으며
자자 때는 옷을 보시한 마하빠자빠띠는
금생에는 데와다하 도시에 마하숫빠붓다 집에
입태하여 고다마종성 마하나야의 가장 어린 동생이 되었다.

부처님의 계모로 들어와
부처님을 기르고
난다왕자를 낳아 출가시킨 후
스스로 비구니가 되기 위해 맨발로 길을 걸었다.

손발이 불어터지고 온몸이 먼지로 뒤덮어 있을 때
아난존자가 건의하여
8경계법을 지키기로 삭발하니
이분이 비구니의 시조가 되고
여성교단의 영솔자가 되었다.

테리까 비구니

가마솥에 삶아진 시레기처럼
온갖 감각이 잠들어 있는 굳건한 여인이여,
새로 지어진 가사를 입고 행복에 잠들라.

구나함모니 때는 절을 짓고 향수를 뿌리고
부처님께 공양하고 승복을 보시했고
가섭 부처님 때도 그렇게 하여
천당의 즐거움과 비구니계를 받았던 여인이여,

이제 크샤트리아 집안에 태어나
부족함이 없는 세상을 살아온 그대가
카레요리 중 큰 불을 보고
생사의 불을 끄고자 발심하더니

우바새 담마딘나의 안내로
마하 빠자빠띠 고따미에게 인도되어
감각적 쾌락을 잠재우고
분석적 통찰(四無碍解)을 통해

여섯 가지 신통을 얻고
아라한과를 증득하셨고나.

거사의 딸 뿐나(Puṇṇa)

짠다바 강가 긴나라녀가
홀로 깨달으신 독각 부처를 보고
갈대 한 다발 공양한 인연으로
33천에 36번이나 태어나 천왕의 왕비가 되고
열 번이나 전륜성왕의 부인으로 태어났다가
마지막 생을 정리하기 위해서
사위성 거사의 딸로 태어난 뿐나는
스무 살 젊은 나이에 출가해 깨닫고 보니

94겁전 꽃 공양한 인연으로
초생달이 보름달 되듯 지혜의 빛 가득 채워져
번뇌의 불을 끄고 열반의 평화를 얻었다는 것을
알게 되었다.

석가족 출신 띳사(Tissā)

떳사는 디라 · 위라 · 밋따 · 바드라 · 우빠사마와 같이
까삘라왓투(迦毘羅城)에 사는 보살의 아내로 있다가
고따미에게 출가, 기회의 순간을 놓치지 않고
법과 결합, 사마다(止)와 위빠사나(觀)을 통해
영웅적인 정신 상태로 안온을 성취, 아라한이 되었다.

순간은 놓치지 않는 디라,
마라(魔)를 정복한 위라,
벗을 즐기는 밋따,
뛰어난 계법을 즐기는 바드라,
폭류를 건너간 우빠사마도 마찬가지다.

식차마나 뭇따(Muttā)

달이 구름 속에서 벗어나듯
모든 속박에서 뛰어난 뭇따여,
은애를 벗어난 청정한 공양(乞食)을 받으라.

옛날 비바시(Vipassi) 부처님께서
지나가는 것을 보고 환희심으로
오체투지하고 발에 입 맞추어 수기 받은 여인이여,

부유한 바라문 집에 태어나
스무 살 꽃다운 나이로 출가하여
명상의 주제를 받고 위빠사나를 닦으며
시간 날 때마다 선후배를 보살피며
향기를 피우던 여인이여.

또 곱사등이의 아내 뭇따는
꼬살라 지방의 오가따까의 딸이다.
남편의 허락을 받고 위빠사나를 닦다가
부처님께서 오시는 것을 보고

길을 고르고 깃발을 꼽고
꽃다발을 공양한 인연으로
세세생생 아름다운 모습과
재산과 명성 사랑속에 살다가
이제 절구통·절구공이·곱사둥이
남편으로부터 벗어나
존재의 뿌리들을 완전히 뽑았으니
식차마나 뭇따와 무엇이 다른가!

설법제일 담마딘나(曇摩提那)

빠두뭇따라 부처님 때 항사와띠 도시에서
남의 집 하인으로 살면서
멸진정(滅盡定)에서 갓 나온 제일 제자를 공경하고,

풋다 세존 때는 스승의 이복형제를 보살폈으며,
깟사빠 부처님 때는
까시왕 끼끼의 여섯째 딸로 태어났다가
석가 부처님 당시에는
라자카와에서 법을 통달한
담마딘나 장자의 부인이 되었다.

남편의 허락을 받고 비구니 처소에 가
마을에 독거(獨居)하면서 흐름을 역행,
무번천(無煩天) 아까닛타(三淨居天)에서도 벗어났다.

때로는 과자·거주지·음식을 제공하고
시어머니와 함께 가서 설법을 들었으니
세상을 잘 살고 계신분들(善逝)을 초대하여 보시하고

은사와 법사 스님들을 시봉하고 10만겁 후에
고타마 부처님 세상에서
법의 상속자가 될 것을 예언 받은 여교사

수천 번을 천당에 태어나고
바라문의 혈통을 이어받아
귀한 집 자손의 아내가 되었다가

남편이 먼저 깨달은 것을 보고 출가,
6신통을 얻고 설법 잘 하는 비구니가 되었으니
그 이름이 확고한 신념의 여인 담마딘나이다.

위사카 장로와 수마나스님

어떤 일을 행하던지 후회하지 않고
빨리 발을 씻고 한쪽에 앉아
아시리들과 은사들을 보살피던 위사카,

온갖 괴로운 세계를 보고
다시는 태어나지 않도록
생존에 대한 탐욕을 버리고
평온하게 살아간 수마나,

몸과 말과 뜻을 스스로 제어하고
번뇌의 뿌리를 뽑고 무명의 갈애를 제거,
다시는 고뇌에 빠지 않게 된 웃따라는
비구니 세계에서는 모범적인 수행자였다.

수마나 장로니와 담마, 상가스님

꼬살라국왕의 왕비로,
뱀과 불, 왕자와 지혜에 대한 법문을 듣고
바로 출가할 뜻을 가졌던 수마나,
늙은 시어버니가 돌아가신 뒤에 임금님과 함께
의복을 보시하러 갔다가 그 자리에서 불환과를 얻자
부처님은 그 자리에서
"늙은자여, 이 자리에서 누더기를 입고 행복하여라."
축복해 주었다.

나이 들어 출가하여
지팡이에 의해 걸식하다가 넘어진 담마
그는 거기서 몸의 위험을 보고
위빠사나를 닦아 해탈하였다.

자식·가축, 사랑스러운 모든 것을 버리고 출가하여
탐욕과 분노, 무명을 송두리째 뽑아버린 상가 장로니는
불선의 어리석음을 송두리째 뽑아버렸다.

미녀 비구니 아비루빠난다

석가족 출신 아비루빠난다는
황금찬란한 몸매에 아름답기 그지없었다.
출가한 후에도 아름다운 자태 때문에
우쭐대는 마음이 있어
어른들의 시중을 들기 싫어하였다.

부처님께서는 그 앞에
자신보다도 몇 배 아름다운 화신을 나타내
순간순간 늙고 병들고 추잡한 모습이 나타남으로써
그로부터 부정관(不淨觀)을 닦아 아라한과를 얻고
다음과 같이 노래했다.

나는 바두마띠시
반두마크샤트리아 왕의 아내로 있다가
위빠시 세존이 돌아가시자 보배탑을 세우고
금일산의 공양을 올렸다.

그 인연으로 천상에 가서 태어났다가

석가족에 태어나
미인으로 환생했는데,
오늘 부처님께서 보여주신
무생관을 통해 깨달음을 얻었다.

"아, 언젠가 한 번은 가야할 이 몸,
이 몸을 가지고 좋은 일 하다가 가야하리라."

젠따 장로니와 수망갈라마따

웨살리 릿차족 왕녀 젠따는
부처님께서 가르친 법을 듣고
악을 버리고 선을 택하고

쓸데없는 고행은 그마두고
바른도에 전념하여
기쁜 마음으로
그릇된 생각을 버리고

모든 집착을 버리고 선정을 닦아
지혜를 고를 것을 깨달았다.

그래서 그는 세존을 보고
"이것이 마지막 몸임을 알게 되었습니다."
하였다.

사왓티의 어떤 가난한 집에 태어나
갈대등 만들던 부끄러워 할줄 모르는 남편을

수망갈라아따는 외아들 수망갈라를 낳고 출가하여

나무 밑에서 위빠사나를 닦았는데
말도 못하게 행복을 느껴
그의 아들과 어머니도 출가하여
모두 아라한과를 증득하였다.

수망갈라아따는 외아들 수망갈라를 낳고 출가하여

앗다까시 장로니와 짯따 비구니

가섭 부처님 당시 부처님의 가르침을 받고
먹음의 양을 알고 깨어 있음에 적당하고
수행에 전념, 번뇌없이 사는 비구니를
나쁜 마음으로 "유녀"라 꾸짖고
그 과보로 지옥에 떨어져 고생하다가
마지막 생에 까시의 한 가정에 태어나

유녀가 된 앗따까시는
처음에는 임금님의 하루 수입이 그의 몸값이 되었다가
한 청년이 반만내고 한 나절을 지내 반값이 된 뒤
온통 마을 사람들이 동락하였으므로

그는 불법을 듣고 물질을 혐오하고 무관심한 경지에 이르러
심부름꾼을 통해 구족계를 받고 사악한 마음을 버려
자재한 신통을 얻고 부처님을 가까이 모셨다.

짤다바 강뚝에 살던 긴나라녀가
나무 밑에 앉아 있는 독각불을 보고

기쁜 마음으로 경배 한 뒤 떠났는데
그 인연으로 천상세계를 윤회하다가
마침내 라자가 거사 집에 태어난 짠나,

그는 20년 만에 늙어서야
영축산에서 깨달음을 얻고 외쳤다.
"내 비록 말라 병들고 나약해
작대기 짚고 영축산에 올랐으나
무명덩이를 파괴하고 해탈을 얻었다."

멧띠까 장로니와 아바야마따 장로니

싯닷타 세존탑을 세울 때
띠를 보시하고 기뻐한 공덕으로
수많은 세월을 천상에서 놀다가
왕사성 바라문 가정에 태어났다.

사문의 법을 실천하면서 위빠사나를 닦다가
괴롭고 연약한 청춘을 허송한 뒤
마지막 산에 올라 발우와 승복을 벗어놓고
문·사·수 3혜를 통해 해탈을 얻은 멧띠까여.

윗빳시 세존 때 크샤트리아 가정에 태어나
반두마왕 궁녀가 되어 번뇌를 멸한 장로들에게
음식과 천을 시주한 공덕으로 인천에 수없이 윤회하다가
마침내 고따미의 제자가 되어 8관재계를 지키는 날
해야 할 일을 마치고 마음에 두려움을 제거,
다시는 천상락을 바라지 않는
아라한이 된 아바야마따여.

아바야(無畏) 장로니와 사마 장로니

시키 부처님께 일곱 송이 연꽃을 공양한 왕후는
그 공덕으로 70번 천왕비가 되어 윤회하다가
마침내 웃제니에 태어났다.

그의 어머니 친구가 출가한 것을 보고
따라 출가하여 라자가하에서 부정관을 닦아
갈애를 소멸,
부처님의 가르침을 실천한 아바야 장로니여,

그대는 게으르지 않았기 때문에
영원히 죽는 몸을 버렸구나.

사마와 띠우바이의 친구 사마는
꼬삼비 거사의 딸로써
친구의 죽음을 보고 출가했으나
마음의 평온을 성취하지 못해
네·댓번 정사에서 나왔다가
마지막 아난 존자의 충고를 받고

마음에 자재를 얻었다.

또 짠다바 강가에 살던 긴나라녀 사마아가씨도
살랄라 꽃을 부처님께 공양하고
언제나 선한 곳에 태어났다가
마침내 출가하였다.

25년 동안이나 평온을 얻지 못하다가
성자들의 가르침을 받고
눈먼 거북이를 보고 깨달음을 얻었다.

웃따마 장로니와 단띠까(檀多) 장로니

반두마시 반두마왕의 물 긷는 시녀로 있다가
왕과 군인들이 포살하는 것을 보고
기쁜 마음으로 계를 지켜 그 공덕으로
64회 천왕비와 63회 전륜성왕비로 태어나
수많은 궁녀들과 재산들을 마음대로 썼다.

금생에 태어나서는 일곱 살에 출가
보름 전에 아라한과를 성취했으니
모두가 3보께 공양하고 계를 지킨 가운데서도
온(蘊) · 처(處) · 계(界)를 관한 공덕이다.

또 한 웃따마는 반두마성 물 긷는 하녀로 있을 때
첫 번째 과자 셋을 공양한 공덕으로
91겁 동안 악처에 태어나지 않다가
꼬살라 지방에서 부처님 법문을 듣고 출가,
7각지를 수행하던 중
마음에 공성(空性)을 얻고
무상(無相)을 닦다가 깨달음을 얻었다.

91겁전 긴나라녀로 태어나
기쁜 마음으로 살라꽃을 공양한 공덕으로
36번 천왕비가 되고 10번 전륜성왕비가 되었다가
석가 부처님 제자가 되어 공양 받을만한 사람이 되었다.
짠다바 강뚝에서 코끼리 길들이는 것을 보고.

웃비리 장로니와 숫까(叔迦) 장로니

항사와띠시 한 소녀가
지나가는 스님에게 자리를 마련하고 공양한 공덕으로
80번 천왕비가 되고 70번 전륜성왕비가 되어
온갖 사랑과 호광을 누리다가
사위성 부잣집에 웃비로 태어나
꼬살라왕비가 되어 딸 지완띠를 낳았으나
얼마 가지 안아 죽음으로써 슬퍼하다가
"부처님께서 8만4천 지와의 어머니여,
그대는 진짜 누구의 어머니인가"
라는 말에 깨달음을 얻어
과거의 역사를 기억한 뒤 해탈하였다.

위빳시 세존 때 반두마띠시에 태어나
법문을 듣고 출가한 공덕으로 청정한 생활을 하다가
시키 · 웻사부 · 까꾸산다 · 꼬나가마나 · 깟사빠 때도
그렇게 하여 금생에는 라마가하 거사의 딸로 태어나
부처님과 담마딘나 비구니의 법을 듣고 출가하였다.

머리카락을 자르는 순간 모든 번뇌를 불태워 버리고
법을 듣고 법을 가르치는 사람이 되었으니
마침내 법을 결정하는 사람이 되었다.
청정한 법을 지니고
탐욕없이 집중된 삶을 한 까닭이다.

셀라(世羅) 장로니와 소마(蘇摩) 장로니

알라위 왕국의 알라위까왕의 딸 셀라는
다섯 개의 등불을 부처님께 올린 공덕으로
33천에 태어났다가
30번 천신왕, 100번 전륜성왕 왕비가 되었다가
이 세상에 태어나 비구니가 되어서는
안다외다 숲속에서 마라를 물리치고
후회 없는 삶을 하였다.

빔비사라왕의 한 대신의 딸 소마는
전생에 아루나와띠 도시에 아루나라왕비가 되었다.
그 또한 안다와나 숲속에 들어갔다가
마라의 침입을 받았으나
도에는 남녀가 없다고 하여 그를 무너뜨렸다.
그리고 해야 할 일을 다하고 위빠사나를 닦아
무생법인을 얻었다.

밧다까빨라니(跋陀迦毗離)와 어떤 장로니

10만겁 전 위데하 상인의 부인이 되었다가
10만겁 후에는 웃까까로 태어나
고따마라 종성으로 세상의 스승이 되니.
태양처럼 빛나신 분들께 공양하고 탑을 세웠다.

그 다음 세상에는 누더기 옷을 보시하고
바라나시왕의 왕비가 되었으며,
왕비가 되어서는 8명의 독각불께 공양하였다.

깟사빠 부처님의 탑을 수리하고
7천 발우에 버터등불을 천 개나 밝히고
또 까시왕국에 수밋다 아내가 되어
두꺼운 솔을 보시하고

꼴리야자띠에 태어나서는
동자들 500명과 함께
500독각불의 시중도 들었다.

또 난다왕의 왕비가 되고
브라마 닷따 대왕의 왕비가 되어
독각승들을 시봉하였다.

이렇게 밧다 까빨라니는 전생의 일을 잘 기억하는
숙명통을 얻어 숙명제일 비구니가 되었다.

어떤 비구니는 고따미가 출가할 때
같이 따라 한 분인데
25년 동안 감각적 쾌락을 갈망하다가
담마딘니 장로니에게 법문을 듣고 깨달았다.

위말라와 장로니와 시하 장로니

웨살리의 위말라 장로니는
아름다운 빛깔과 명성 젊음에 도취되어
거만하고 다른 여성들을 멸시하며
몸을 치장, 마하 목갈라나를 유혹하려다
부정관의 교훈을 받고 출가하여
모든 번뇌를 잘라내고 마음에 평온을 얻었다.

시하 장로니는
사아리뿟다 여동생 시아세나빠띠의 딸이다.
부처님께서 그의 남편에게 설법하는 소리를 듣고
발심하여 출가하였으나
잘못된 생각 때문에 7년 동안 방황하다가
나무에 목을 매는 순간 깨달음을 얻어
분석적인 통찰로 위빠사나를 닦아
아라한이 되었다.

순다리난다(孫陀利難多陀)와 난듯따라 장로니

석가족 출신 순다리난다는
가족들의 애정 때문에 출가하였으나
뛰어난 미모와 아름다운 모습 때문에
많은 장애를 겪다가 마침내 부처님께
부정관 법을 듣고 부지런히
안팎의 몸을 관해 해탈을 얻었다.

원래 불과 달·해·천신을 섬기던 난듯따라는
일찍이 외도에 들어와 명성을 떨쳤으나
목갈라나 장로와 논쟁하고 패하여 비구니가 되었다.
뛰어난 용모와 투철한 머리 때문에
사문법을 익히 배워 행하고
분석적인 통찰로 생사를 초월하였다.

사꿀라(奢拘利) 장로니와 소나(蘇那) 장로니

수많은 공덕 행위로 천상세계를 윤회하다가
스승님의 탑묘에 기름 등불을 켠 인연으로
33천에 태어났다가 사왓티 바라문 가정에 태어나
사꿀라라는 이름을 가지고 우바이가 되었다.

한 장로의 법을 듣고 신심이 생겨 출가하여
당장 예류과를 성취하였다.

사왓티의 한 가정에 태어나
열 명의 자식을 가진 소나 장로니는
출가 후 부지런히 비구니 행을 실천하면서도
밤새도록 기둥을 잡고 경행하면서
지혜가 터져 광명을 놓았다.

밧다꿈달라께사(拔陀軍陀羅)와 빠따짜라(波羅遮那) 장로니

사리뿟따에게
"하나라는 것이 무엇인가?"란 질문을 받은
외도 밧다꾼달라께사는 곱슬머리를 땅에 조아려
불자가 되어 부처님을 뵙고 그 자리에서 아라한이 되어
앙가·마가다·왓지·까시·꼬살라에 다니면서
빚없는 왕궁의 공양을 55년이나 받았다.

부모님의 말을 듣지 않고 하인과 도망쳤던 빠따짜라는
한 아들은 매에게 주고 한 아들은 물에 떠나보내고
남편은 뱀에게 물려죽고 시부모와 형제는
집이 무너져 죽어 미쳐버린 여인이었다.

반나체로 천하를 주유하다가 마침내 부처님을 만나
그동안의 생사의 눈물이 태양보다 많음을 깨닫고
열반으로 가는 길을 찾았다.

30명의 장로니와 짠다(遮羅) 장로니

절굿공이를 들고 곡식을 타작하여
아들과 딸을 기르고 재물을 얻었던 여인들이
빠따짜라의 법문을 듣고
초야에 전생을 기억하고
중야에 천상의 눈을 얻고
말야에 어둠덩어리를 부수었다.

일찍이 전염병으로 부모를 잃고
거리의 천사가 되어 7년 동안 돌아다니던 짠다는
빠따짜라 장로니가 준 음식을 먹고
출가하여 무루(無漏)의 종자를 얻었다.

500명 장로니와 와셋티 장로니

잃어버린 자식들을 생각하며 슬퍼하다가
빠따짜라 장로니의 설법을 듣고
가슴깊이 박힌 화살을 뽑고 슬픔을 제거,
오고 가는 길을 분명히 알아 깨달음을 얻은 500명 장로니.

외아들의 죽음을 보고 미쳐
3년 동안 쓰레기더미·돌 묘지에서 나체로 돌아다니다가
미틸라 도시에서 용과 같은 세존을 뵙고
제정신이 돌아온 와셋티 장로니는
"길들이지 않는 것을 길들이고
깨닫지 못한 자를 깨닫게 하는 고따마께"
귀의하였나.

케마(@摩) 장로니와 수자따 장로니

맛따왕국 사까라시 왕족으로 태어난 케마는
금빛찬란한 모습으로 빔비사라 임금님의 부인이 되었다.
하루는 죽림정사에 갔다가 자기보다 더 훌륭하게 생긴
여인이 부처님 곁에서 부채질 하는 것을 보고
거만한 마음을 버리고 출가하여 지혜제일 비구니가 되었다.

장식하고 아름다운 옷을 입고
꽃다발을 지니고 전단향 가루를 바르며
장신구를 덮어 하녀들의 공경을 받던 수자따
하루는 공원에서 놀고 오다가 거리에서 부처님을 뵙고
법문을 듣고 집에 가 부모와 남편 허락을 받고 출가하여
문·사·수(聞·思·修) 3혜를 성취하였다.

굿따 장로니와 위자야·아노빠마 장로니

굿따 장로니는 사왓티 바라문가 출신이다.
결혼 적령기에 출가하여 오랫동안 위빠사나를 닦았지만
탐욕과 분노 자신의 몸에 대한 애착,
타종교계에 대한 집착 의심 때문에
마음에 안정을 얻지 못하고 있다가
부처님의 광명을 보고 욕망을 떠나 안심을 얻게 되었다.

케마장로의 친구 위자야는 출가인의 의무를 다하고
위빠사나를 확립, 네 댓번 변했던 마음을 다잡고
3명(明)을 얻어 해탈을 얻었다.

아노빠마 장로니는 사계따시 맛자상인의 딸로
누구와도 비교할 수 없는 미모를 가졌다.
왕과 대신들이 그를 취하고자 심부름꾼을 보냈으나
가정생활은 나에게 의미가 없다 생각하고
법문을 듣고 위빠싸나를 하다가 불한과를 얻고 출가,
7일만에 아라한과를 얻었다.

왓다마따 장로니와 끼사고따미

비구니 스님들의 법문을 듣고
비구니 스님들의 생활을 그리워
외아들 맡기고 출가 하였으나
자주 찾아오는 아들 때문에 고민하다가
아들까지 깨닫게 한 비구니,
그가 바로 왓다마따 장로니다.

사슴처럼 허약한 몸매를 가지고
아들 하나를 낳아 귀여움을 받다가
아들의 죽음 때문에 미쳐 돌아다니던 여인 끼사고따미,

부처님을 만나 겨자씨 3개를 구하러 갔다가
7대독자를 잃은 어머니의 하소연을 듣고
깨달음을 얻어
부처님 제자 가운데서도
보름달과 같은 깨달음을 얻었다.

웃빨라완나(優鉢羅華) 장로니와 뿐나 장로니

웃빨라완나는 사왓티 부유한 상인의 딸이다.
여러 사람들이 서로 데려가려 하기 때문에
절로 출가하여 포살당을 청소하고 등불을 밝히고
선채로 불까시나(邊處) 정에 들어
아라한이 되어 신통제일 비구니가 되어
선정과 결실, 열반의 행복을 가졌었다.

급고독장자의 하녀 뿐나는
여러 부처님들께 법문을 듣고 거만심을 버리지 못해
금생에는 하녀로 태어난 것이다.
사자경을 듣고 예류과를 얻었으나
뒤에 청정 바라문에 의해 길들어시고
부유한 상인에 의해 존경받다가
자유인이 되어 출가, 아라한이 되어
승리자의 가르침을 가르쳤다.

암바발리(菴婆婆利) 장로니와 로히니 장로니

암바발리는 아름답고 볼만하고
매력적이며 사랑스러웠기 때문에
많은 왕자들이 서로 데려가려 재판을 하여
모든 이의 사랑이 되라고 하여 국기가 되었다.

부처님이 자기의 동산에 계신다는 말을 듣고 갔다가
법문을 듣고 발심하였는데
그의 아들 위말라꼰단냐 장로의 가르침을 받고
무상을 깨닫고 출가하여 득도하였다.

웨살리 부유한 바라문의 딸 로히니는
처녀시절 부처님 법문을 듣고 예류과를 성취,
부모님을 가르치고 자신은 출가 비구니가 되어
지혜와 계와 근면, 청정한 행위로
많은 사람들의 칭찬을 받았다.

짜빠장로니(遮波羅)와 순다리(孫陀利) 장로니

사슴 사냥꾼의 딸 짜빠는
부처님께서 처음 전도의 길에 나와 만난
우빠가의 부인이 되어 수밧다를 낳고
남편 우빠까를 비웃자 남편 우빠가가 사위성에 이르러
출가, 무번천을 증득, 빠랄간다·빳꾸사띠·밧디야·
칸다데와·바후랏기·싱가야와 함께
육체적 옴을 멸하고 천신에 계합하자
그의 부인도 따라와서 비구니가 되었다.

아들을 잃은 아버지가
4방으로 돌아다니면서 슬퍼하다가
마침내 부처님을 만나 줄가하니
집안의 상속자인 순다리가 이 소식을 듣고
출가하여 아라한이 되었다.
어머니도 따라 출가하였다.

수마깜마라디따 장로니와 수바지와 깜마와나까·웃따나 스님

대장쟁이의 딸 수마깜마라는
라자가하에서 부처님을 뵙고
4제법문을 들은 뒤 마하빠자빠띠에게 출가,
쾌락을 주도하는 친척들을 교화하였다.

수바지와도 라자가하에서 부처님을 뵙고 발심,
우바이가 되었다가 후에 윤회에 대한 혐오감으로 출가
고따미의 제자가 되었다.
한 남자가 그의 눈을 보고 괴롭게 하자 눈을 빼어
그를 교화하고 부처님께 오니 눈이 본래대로 회복되었다.

빠따짜라 장로니의 설법을 듣고
윤회에 대한 깨달음을 얻고 출가한 웃따라는
지난 생활을 후회없이 마음을 한 곳에 모아
마음 가운데 어둠덩어리를 쳐붓고 해탈을 얻었다.

이시다시 장로니와 수메다 장로니

이유 없이 화를 내는 남편을 떠난 이시다시는
지나닷다 장로니에게 출가, 전생의 간통사실을 깨달았다.
풍부한 상인의 딸로 태어나 구출하러 온
아버지의 며느리가 되어
먹고 입고 마시는 것을
모두 마련하여 어머니가 외아들처럼 남편을 도왔는데
전생의 혐오한 일이 무르익어
날마다 미움을 받게 되었다.

만따와띠 도시에 꼰자왕의 딸로 태어난 수메다는
와라나와띠도시의 아니까랏따왕의 부인으로 선택되었으나
어려서부터 공수늘과 함께 비구니 처소에 가
들은 법문이 있어 출가를 희망하였기 때문에
깨끗한 몸으로 출가하여 바로 아라한과를 얻었다.

닷바 장로와 깡까레와따

말라왕국의 아누삐야시에 태어난 어머니가
막내아이를 낳으려 하다가 죽어
화장장에 버려 태어난 닷바를
마라여인이 데려다 기르다가 일곱 살 때 출가시켜
죽림정사에 홀로 거주하면서 스님들에게 장소와
침구·음식을 배정하는 집사가 되었다.

그러나 멧따야와 붐마자까를 까므로 6군 비구들에게
비난을 받고도 잘 길들여진 마음으로
가치있고 만족하고 의심없이 정복하고 위협을 제거하여
부처님으로부터 대중 가운데
"자리를 제일 잘 배정하는 자는 닷바라"
고 칭찬을 받았다.

깡카레와따는 살아오는 동안 좋은 행위를 하고
10만겁 동안 인천에 윤회하다가
부처님께서 세상에 태어나셨을 때
사왓티 한 부유한 가정에 태어났다가

많은 사람들이 부처님께 법문 듣기 위해 가는 것을 보고
따라가 출가, 구족계를 받은 후
선채로 선정에 들어 선정제일 깡카레와따가 되었다.
"자, 내게 스승의 위엄이 있다.
한밤중의 광명처럼 눈을 주시고 의심을 제거하시는 이,
이 자를 뵙고 마음에 평온을 얻으라.
여래에게는 불타는 지혜가 있느니라."

빌리가(跋利迦)와 삼부따스님

31겁전 수마나 독각불께 과일 공양을 하고
시기불 때는 아루나와띠시에 우지따와 오지따 두 상인이
음식 공양을 했다는 말을 듣고 가 경배드리고 청공,
"저희들도 내생에는 부처님께
제일 먼저 공양하는 자가 되고 싶습니다."
하였다.

또 깟사빠 부처님 때는 목동 형제로 태어나
여러 해 동안 비구 스님들께 우유와 음식을 공양하고
석가 부처님 때는 뿟카라와띠시 대상으로 태어났다.
형 따뿟사와 동생 빌리야는 500수레에 짐을 싣고 가다가
부처님께 쌀과자와 꿀떡을 공양하고 머리카락을 얻어 갔는데
이들이 불교 최초의 2귀의(佛과 法) 우바새가 되었다.

그런데 그 뒤 라자가하에 이르러 부처님 법문을 듣고
발리야가 출가하여 6신통을 얻었다.

삼부따는 천 8백겁 전 앗타다시(24佛 제14번) 부처님과

그의 대중들께 뗏목을 제공,
강을 건네준 뒤 공양을 한 공덕으로
인천을 윤회하다가 1300겁전
크샤트리야 가정에 태어나 전륜성왕이 되었다.

그 후 일곱 번 선도에 태어났다가
91겁전 위빳시(24佛中 제18) 부처님 때 출가하고,
거기서 두타법을 익혀
묘지에 살면서 사문법을 실천하였다.

그리고 까사빠 부처님 때는
그의 친구 3인과 함께 출가
2만년 동안 사문법을 익히고
석가 부처님 당시에는
라자가하 부유한 바라문 집에 태어나 바라문을 완성하고
그의 친구 부미자·제야세나·비라다나와 함께 출가하였다.

그때 삼부따는 신념처(身念處)를 닦으며
시따와나(차가운 숲)에 살면서
윗사와나(4천왕의 1)의 존경을 받고
세존으로부터
"마음 챙김의 보호를 갖추고 정진에 집중하여
3명을 얻고 마라의 영역을 벗어났다"
칭찬받았다.

빨린다 왓차와 위라스님

빠두뭇따라 부처님 때 그의 제자들이
천신들에게 사랑을 받는 것을 보고
자신도 그렇게 되기를 희망, 선행을 하다가
수메다 부처님 때는 부처님 탑을 세웠다.

그 인연으로 여러 차례 인천에 다니며 복락을 누리다가
전륜성왕이 되어 많은 사람들께 5계를 지키게 하여
천상의 후보자들이 되게 하였다.

석가 부처님 때는 사위성 왓차 바라문가에 태어나
이름을 빨린다라고 하고 유행자들에게 출가하여
간타라(둔갑술)의 예지에 능통했으나
이는 석가 부처님에 비하면 태양 앞에 반딧불이다
생각하고 출가하여 아라한이 되었다.

위라스님은 91겁전 위빳시 부처님께
신두와라꽃과 닛군디꽃을 공양하고
35겁전 마하빠따빠 전륜성왕이 되었다가

깟사빠 세존 때는 가난한 자들과 스님들을 위해
많은 보시와 우유 음식을 공양하였다.

우리 부처님 당시에는
빠세나디왕의 한 대신의 아들로 태어나
군인생활을 하다가 결혼,
한 아들을 낳고 출가 6신통을 얻었다.

전처와 애들이 아버지를 퇴속시키고자
갖가지 재주를 다 부렸지만
"이것은 모기날개로 수미산을 움직이는 것과 같다"
하고 대해탈을 실천하였다.

뿐나마사(Puṇṇamāsa)와 쭐라가왓차(Cūlagavaccha)

한 붉은 거위가 위빳시 부처님 가시는 것을 보고
살라나무꽃을 올려 전륜성왕이 되고
깟사빠 부처님 때는 출가 사문이 되어 인천을 윤회하다가
석가 부처님 때는 사위성 사밋디 바라문의 아들로 태어났다.

바라문 법을 완성하고 결혼하여 아들을 하나 두었는데
그의 아들과 어머니가 아버지를 퇴속 시키려고
갖가지로 유혹하였지만
"나는 이미 갈애를 떠난 성자가 되었다"
설명하여 비구로써의 청정한 생을 마쳤다.

쭐라가왓차는 빠두뭇따라 세존 때
수자따라는 제자에게 누더기를 보시하고
33천왕이 되고 107번 전륜성왕이 되었고,
까사빠 부처님 때는 출가 사문이 되었다가
석가 부처님 때는 꼬삼비(구섬미) 바라문가에 태어나
설법을 듣고 출가, 꼬삼비 비구들의 분쟁속에서도
위빠사나를 닦아 법희선열을 얻었다.

마하가왓차(Mahāgavaccha)와 와나왓차(Vanavaccha)

빠두뭇따라 세존 때
위없는 비구승가에 대해서 확고한 믿음으로
항아리에 마실 물을 가득 채워드린 공덕으로
시키 때는 해탈 열반을 얻은 우바새가 되었고

부처님 당시에는 마가다국 날라까마을
사밋다 바라문의 아들로 태어나
사리뿟다에게 법문을 듣고 출가
지혜의 힘으로 계와 지혜를 갖추고
집중적으로 선정을 닦아 마침내 열반을 증득하였다.

와나왓차는 잇빠닷시 세존 때 거북이 태에서 태어나
위나따 강에서 살면서 그의 등으로 세존을 건네주어
그 공덕으로 인천에 수백번 윤회하다가
마침내 출가자가 되어 아란야에 사는 한 비구를 보고 발원
깟사빠 부처님 때는 출가 수행자가 되었다.

그런데 석가 부처님 당시는 까삘라왓투의 왓차 바라문의

아들로 태어나 어려서부터 숲과 절을 좋아하여
이름을 와나왓차라 이름 지었다.

일찍이 히말라야에 가서 깨달음을 얻고
스스로 존재하시고 세상을 이끄시는 어른이
위나따(까삘라왓투)에 오셨을 때 비구들을 맞아 접대하고
"검푸른 구름산, 청정한 찬 물을 나는 즐긴다"
하고 출가하여 사문이 되었다.

시와까(Sivaka)와 꾼다다나(Kuṇḍadhāna)

서와까는 24불중 제21, 웻사부 부처님 때
나란야에 들어갔다가 과일 공양을 하고
까사빠 부처님 때는 출가하신 그의 삼촌을 따라 출가 했으며
석가 부처님 때는 와나앗차 장로의 아들로 태어나
어머니의 가르침을 따라 출가,
삼촌 와나왓차의 뒤를 계승하였다.

말년에 마을에 갔다가 병이 들어 죽게 되자
아란야로 인도 하였는데, 까나까 나무가 불타는 숲속에 앉아
"나는 오점이 없고 세상의 제일이고,
황소 같은 부처님을 보았다"
하고 열반에 들었다.

꾼다다나는 빠두뭇따라 세존 때 큰 바나나를 공양하고
깟사빠 부처님 때는 지천신으로 태어나
6개월마다 비라제목차를 외웠다.
그런데 한 번은 청정한 두 비구 앞에
어여쁜 여인으로 변하여 타락한 척하니

한 비구가 떠나 다른 곳으로 갔는데
포살장에 이르러 부정한 비구와 함께 포살하지 않겠다 하자
사실적으로 이야기 하며 참회하였다.

이 인연으로 먼저는 11번 천상, 24번 전륜성왕이 되었던
사람이 악처에 떨어져 고생하다가
석가 부처님 당시에는
사위성 바라문의 아들(다나마나와)로 태어나
3베다에 정통하고 출가하였으나,
그가 출가하는 날 한 장로녀가 따라다녀
다나꼰다란 별명이 생기자 험악한 욕을 하였다.

이에 부처님이 전생의 이야기를 해주어 깨달음을 얻고
다시는 나쁜 말을 하지 않게 되었다.
마침내 꼬살라왕이 그의 곁에 가서 보고
한 지천신의 화현임을 알고 공양청을 하여 대접하였다.

부처가 되고자 하거든
부처를 보고 따라 가라

2010년 2월 10일 인쇄
2010년 2월 15일 발행

발행인 / 문　수　원
발행처 / 불교통신교육원
편　저 / 법안·법왕궁
인　쇄 / 이화문화사

발행처 / 477-810 경기도 가평군 외서면 대성리 산 185번지
전화 : (031) 584-0657, 4170
등록번호. 76. 10. 20. 경기 제 6 호

값 10,000원